丛书编委会

优选本

这些经典作品是人类高尚心灵的印记。
阅读这些经典作品，可以使童年的阅读成为一生永远的快乐。
享受快乐阅读的时光，温暖孩子的幸福童年。

约会名著

生命中不容错过的文学经典

Rensheng Bidu Shu MeiHuiBan | 优选本 | 美绘版

中外名人故事

张　琪/编著

精选最适合中国孩子阅读的故事书 ★ 精美手绘 ★ 妙笔生花
Rensheng Bidushu
名师点评
人生必读书

山东美术出版社

紧扣课标，名家导读，精心批注，扫除阅读障碍，重点提高阅读和写作能力。

1 名师导读

帮助学生了解文章内容，提高阅读兴趣。

2 阅读理解

根据内文分析，引导学生深入思考，提升理解能力。

3 精美插图

根据文章配上精美彩图，让阅读不再枯燥无味。

詹天佑

名师导读 年幼的詹天佑把家里的闹钟搬到偏僻的地方，将它拆解开来，经过一番仔细琢磨，居然将它重新装好。

詹天佑（1861—1919）是我国著名的工程专家，生于广东南海市。他的曾祖和祖父都是经商茶叶的商人，到了父亲詹兴洪时，正遇到鸦片战争爆发，茶行破产了，只靠詹兴洪出来工作维持家庭生活。

詹天佑8岁那年进私塾读书，他天资聪慧，求知欲强，可是在这里塾师读的都是四书五经的八股文，老是“之乎者也”、“无地君亲师”一类陈旧腐朽的东西，枯燥无味，束缚儿童身心发展。詹天佑对这一套腻透了，他最感兴趣的是工程，机械等新知识，用泥巴捏火车，做机器，身上老是装着小齿轮，发条，螺丝刀等，一有空就摆弄着玩，小伙伴们都称他是“机器迷。”

【人物介绍】幼年时的詹天佑对机械零件兴趣浓厚。故事启示小读者，成长过程中，兴趣是第一老师。

一天，小天佑对他家的闹钟突然产生了兴趣，他想，这个方方的东西为什么能滴答滴答走个不停？为什么它按时响铃？为什么它能始终那么均匀地走？家里的大人都有事出去了，小天佑决定要打开这个宝贝匣子，看看其中的奥妙。他把闹钟拿到隐藏的地方，把零件一个一个拆开了：这一个零件和那一个零件为什么啮合在一起？那一个零件是什么力量使它摆动起来呢？拆着，思考着，一直到把整个闹钟拆到不能拆为止，一大堆散碎的零件怎么安装呢？詹天佑凭着他那良好的记性，居然一件一件装好了，他也弄清了闹钟的构造与原理。

【排比句】善于思考，勤于思考在学习过程中很重要。

1871年，清政府派我国第一批学生到美国耶鲁大学。11岁的詹天佑听到后恳求父亲允许他去参加考试。因为家里穷，正在为詹天佑前途而忧郁的父母一听说是官费便欣然答应了，但是他们又担心詹天佑年龄太小考不上，可詹天佑有信心地说：

精选最适合中国孩子阅读的故事书
Rensheng Bidushu
名师点评
人生必读书
★精美手绘 ★妙笔生花★

阅读与理解

【名师点拨】

就像一句歌词说的一样：没有人能随随便便成功。栾菊杰最后在世界剑坛的成功，与她不辞劳苦的训练与坚韧不拔的毅力是分不开的。为了取得成功，必须吃得起苦中苦，这正是栾菊杰的故事给我们的启示。

【回味思考】

栾菊杰为什么能在击剑上有所建树？

阅读训练

一、填空题。

1.李四光出生在__________________（地名）。

2.邓稼先为两弹升空做出了重大贡献，他以自己出色的成绩和辛勤的劳动，赢得了“________________”的光荣称誉。

3.__________________是“中华民国”的缔造者。

4 名师点拨

分析内容及写作手法，让学生掌握重点。

5 回味思考

提出有针对性的问题，让“读”与“想”紧密结合。

6 阅读训练

读文章，做题目，让学生进一步巩固所学内容。

在世界历史的长河里，各个国家的不同时期中，涌现出无数杰出的人物。他们像熠熠升起的灿烂群星，放射出绮丽的光芒，照耀着人类的历史，为世界作出了巨大的贡献，影响着人类的进程。他们的存在，体现了人类的光荣。他们之所以能成为科学家、文学家、艺术家……是因为他们从小受到了浓厚的文化熏陶，有健康的成长环境，加上他们天生聪颖，有刻苦的学习精神，成为了人类历史上闪光的精英。他们每一个人的故事都是一本生动的、有趣的、神奇的教科书。通过了解他们的故事，可以让孩子们体会他们的精神世界，学习他们发奋苦读、坚持不懈的精神，从小树立远大的理想。

同样，中国，这一四大文明古国之一的国家，在其漫长而曲折的历史中孕育了无数仁人志士、至圣先哲。他们当中有叱咤风云的政治家，有运筹帷幄的军事家，有受万人敬仰的思想家，有才华横溢的文学巨匠，有享誉全球的科学家……他们是历史转折时期的关键人物。

唐太宗曾说过："以铜为镜，可以正衣冠；以古为镜，可以知兴替；以人为镜，可以明得失。"中外名人的奋斗史，也正如一面镜子，既照知了过去，也映现了未来。纵观中外名人的成功范例，我们发现这些名人是以其不息的奋斗精神和顽强的毅力屹立于人类各行各业佼佼者的行列的。这也正是立志成功的读者们需要学习和借鉴的。

为了让广大读者了解这些不同历史时期的世界名人的生平与奋斗历程，深度理解他们内心的抗争与人文情怀，我们精心编写了这本《中外名人故事》。它通过简洁而不失精彩的语言再现了一个个中外名人的光辉形象，将他们动人心弦的故事呈现给广大读者。希望每位读者能在欣赏之余有所感悟，有所体会。

目录

中外名人故事

Mulu

Zhongwai Mingren Gushi

中国名人故事

外国名人故事

中国名人故事

李四光

名师导读

李四光小时候就很懂事，帮家里干活，挑水，打柴，养成了吃苦耐劳的精神。

李四光出生在湖北黄冈一个穷教书先生的家里。他很小就开始帮家里干活，挑水，打柴，但这并没有影响他的学习，倒是培养了他吃苦耐劳的精神。

【人物描写】李四光从小就很懂事，艰苦的生活培养了他吃苦耐劳的精神。

14岁那年，李四光考入武昌高等小学读书，他学习很刻苦，每次考试都得第一名。由于成绩优秀，他被选作官费留学生，到日本留学，在日本度过了7年的学习生活。之后，他又到英国伯明翰大学学了6年的采矿和地质，为日后报效祖国打下了扎实的基础。

学成之后，他回到祖国的怀抱，在北京大学地质系担任教授，开始进行对含煤地层中古代生物演变历史的研究和对第四纪冰川的研究。

李四光毕生科学成就的顶峰是创立了地质力学，这是一项创造性的工作。地质力学是用力学的观点来研究地壳构造和地壳规律。他不仅重视理论和方法上的完善，也重视理论在实践中的应用。他曾利用自己创立的地质力学原理，为祖国石油资源的勘探、开发做出了巨大贡献。

【细节描写】李四光搞科研不仅重视理论研究，更重视在实践中的应用。

新中国成立以后，国家建筑非常需要石油这一能源。可早在20世纪20年代，外国学者就下了定论：中国贫油。李四光不轻易附和外国权威学者的观点，而是根据自己的实践提出独立的见解。30年代，他就提出：新华夏构造体系沉降带“可能找到有重要经济价值的沉积物”。这个沉积物指的就是石油。

【事件概述】

早在上世纪30年代，李四光就断定中国一定蕴含石油，为新中国甩掉贫油帽子作出了杰出贡献。

在50年代初，党中央领导人向他询问中国石油前景时，他陈述了自己的观点，建议广泛开展石油地质普查工作，特别提出“从东北平原起，通过渤海湾，到华北平原，再往南到西湖地区，可以做工作……”在李四光地质理论的指导下，大庆油田、胜利油田……一个个大油田相继开发，滚滚的原油流向祖国的四面八方，为我国的社会主义建设发挥着巨大的作用。

李四光独创的地质力学，在生产建设中大放异彩，石油、铀矿、金刚石和铬、钨矿、地热资源等等都在这种理论指导下被挖掘出来了。

【细节描写】

李四光不仅是位伟大的科学家，也是一位爱国志士，为国家的发展奉献一生。

李四光热爱祖国，跑遍全国山山水水，为开发和建设国家贡献一生。早在二十年代，在十分困难的条件下，他就到过太行山麓、大同盆地，上庐山、黄山，先后发现了第四纪冰川的遗迹，推翻了国际上许多冰川研究学术权威断言的中国无第四纪冰川的错误结论。他重视第四纪冰川的地质研究，为兴修水利、水土保持、矿产资源勘探、大型建筑物设计施工等提供了可靠的地质依据，并节约了大量人力物力。

他在逝世前，还把地质力学理论用于地震研究，首创了观测地应力变化和预报地震的有效方法，为我国地震研究奠定了基础。

阅读与理解

【名师点拨】

当新中国成立后，李四光收到了国内的信函：邀请他回去做科研，并担任政协委员。这时，国民党也在争取李四光，并要求他发表声明反对新中国。李四光顶住压力，绕道香港回到祖国。回国后，他先后任地质部部长，全国政协副主席等职。

【回味思考】

1.李四光小时候养成了什么优秀品质？

2.李四光在哪些方面做出了杰出贡献？

诸葛亮

名师导读

庞统和徐庶的计策都被老师识破，束手无策。诸葛亮刚刚睡醒，揉了揉惺忪的眼睛，伸了伸懒腰，走到老师水镜先生跟前。

三国时期，有位水镜先生，水镜是他的号，这位先生真名叫司马徽。司马先生一生收了很多徒弟，可真正有所建树的只有三个人：诸葛亮、庞统和徐庶。

【人物介绍】水镜先生是《三国演艺》里的人物，相传为诸葛亮的师父。

这三个人中，徐庶进曹营——一言不发；庞统在西征途中不幸早年身亡；只有诸葛亮奋斗一生，很有建树，也最有名气。

为什么水镜先生只这三个徒弟出名呢？

水镜先生住的村子叫水镜山庄，这年，水镜先生共收了十多个弟子，他根据学生的特长和爱好，因材施教。两年之后的一天，水镜先生把他们叫到一起，说："徒儿们，两年时间很快就过去了，现在是该师徒分手的时候了。五天后考试，考试合格的算出师了，算我的学生；不合格的，以后不准叫我老师，也不准向别人说是我的学生。"语言异常地坚定，不可动摇。

考试这天，风和日丽。水镜先生端坐在正座，十几个弟子们垂手侍立。"今天，我只出一道考题：从现在起到正中午，谁能得到我的允许走出这所房子，谁就算出师了，否则，按照几天前说的办！"说完这番话，水镜先生闭上嘴，再也不说话了。

一听这个题目，很多人傻了眼，等了有一个时辰，才有人试着说："老先生，后院着火了。"再看水镜先生，眼皮都没抬一下。又有人说："屋外有老朋友求见。"结果仍然一样。

【语言描写】弟子们束手无策，很多借口都无法让师父相信。

这时，徐庶趁着水镜先生忙于应付其他学生，写了一封信，谎称是家里来的信，哭着对老师说："司马老先生，昨天晚上有人捎信给我，说家母病重，我情愿不参加考试了，请允许我回家吧！告辞了，老师！"说完就要走。"站住，小小伎俩，岂能瞒得过老夫，想要回家，午时过后再说，少要啰嗦。”水镜先生一句话揭穿了徐庶的计谋。徐庶只好退立一旁。

这时，庞统走上来，连着用了前面的办法试了几次，然后对水镜先生说：“先生，我不能得到你的允许走出屋子，请让我站到院子里，我保证能让先生答应让我进来。”庞统恳切地说。

“尽要小聪明，还不退下。”水镜先生也明白庞统的计谋。

【动作、神态描写】诸葛亮根本没将考核放在心上，说明他成竹在胸，十分自信。

这时，诸葛亮却趴在桌子上呼呼睡着了，眼看时间就到了，还没有一个人能说服水镜先生。诸葛亮爬起来，揉了揉惺忪的眼睛，伸了一个懒腰，双眼一亮，瞪着水镜先生说：“你这个老家伙，尽出些刁钻古怪的难题，成心让我们为难，我不当你的徒弟了！你们也别上了这老头的当，都别做他的徒弟了。快还我三年的学费。”说着说着，诸葛亮便上前一把抓住水镜先生的衣襟，一边说一边扯。水镜先生是三国时期有名的经学家、大学士，有身份有地位，哪里受得了这种侮辱！他平时对诸葛亮格外爱护，今天为了一道小小的考题，诸葛亮竟然侮辱起老师来，真是岂有此理。水镜先生气得浑身哆嗦：“如此不肖的学生，要你何用，欺师灭祖，我早知道如此，当初就不该收你，我不想再见到你了，你趁早离开我的水镜山庄。”

【神态、语言描写】老师被诸葛亮气得哆嗦，已上当而浑然不知。

可诸葛亮不依不饶，仍然扯住水镜先生的衣襟不放，连吵带闹。这时，徐庶、庞统赶忙过来，拉开诸葛亮，连推带搡地把诸葛亮推出了大门。一出大门，诸葛亮也不吵不闹了，冲着庞统和徐庶一挤眼，说：“嗨，咱们不是出来了吗？”两个人这才恍然大悟：“那么说，我们两个也出来了。”结果三人哈哈大笑。

【语言描写】诸葛亮不忘向老师赔礼道歉，刻画了他尊敬师长的美好品德。

然后，诸葛亮在院里找了一根棍子，双手捧着走进了屋子，向余怒未消的水镜先生跪倒：“恩师请恕徒弟不敬，方才为了考试，不得已而为之，望恩师不要怪罪，这有木棍一根，请老师尽管责打。”水镜先生这才明白过来，立刻转怒为喜，说：“你考试过关了！”

“先生，我还有个请求。”“说吧。”“刚才，徐庶和庞统把我从屋子里拉到了院子里，他们俩也经您允许出去了，请赐他们俩出师吧！”“好吧。”从此，这三人开始了自己的事业。这也就是水镜先生收徒弟不少，可承认的只有这三个人的缘由了。

建安六年(201 年)，逐鹿中原失败的刘备率部投奔刘表，刘表让他屯扎在新野(今河南新野县南)。刘备手下虽有关羽、张

飞、赵云等战将，也有孙乾、简雍等谋士，但是孙乾、简雍的才能一般。于是刘备在荆州到处寻访人才。

有一次，刘备到襄阳向司马徽访问世事，司马徽说：“我不过是一个儒生俗士，哪里晓得多少时务？识时务者是那些俊杰之士，这里的伏龙、凤雏，正是这样的人才。”刘备问谁是伏龙、凤雏？司马徽说：“那就是诸葛亮和庞统。”备受刘备器重的徐庶也向刘备推荐说：“诸葛亮，是一条真正的‘卧龙’，将军愿意见他吗？”刘备见反复有人推荐这个人，便对徐庶说：“那就请你找他来见我吧！”徐庶说：“此人才智过人，满腹韬略，识见高深，非比等闲，不能招之即来，还是请将军亲自去见他为好。”于是，建安十二年(207年)，刘备到隆中去寻访年仅26岁的诸葛亮，前后去了三次才见到，这就是有名的“三顾茅庐”。

【语言描写】
刘备恳请徐庶介绍认识诸葛亮，刻画了他求才若渴的仁主形象。

后来，诸葛亮辅佐刘备，开创了三国时期三国鼎立的新局面，实现了自己的远大抱负。

阅读与理解

【名师点拨】

诸葛亮是三国时期的军事家、政治家、外交家和谋略家，被后人视为中国古代最聪明的人。刘备去世后，诸葛亮为蜀国的强大日夜操劳，呕心沥血，他先后写了两篇《出师表》，表达自己为报先主刘备之恩而鞠躬尽瘁的思想。

【回味思考】

1.面对老师提出的问题，诸葛亮是如何应对的？

2.你听过刘备三顾茅庐的故事么？这个故事刻画了刘备什么形象？

邓稼先

名师导读

1950年，心怀祖国的邓稼先克服种种困难，漂洋过海回到新中国，和他一起的还有关于原子核方面的书籍和知识。

1924年，邓稼先出生在一个世代书香之家，从小就得到良好的家庭教育。抗日战争爆发后邓稼先离开北京来到了昆明，后来在西南联大上了大学。

西南联大的学习生活，是让邓稼先终生难忘的艰苦岁月：住的是草顶子房，每个屋子住几十个人，教室只有窗户，没有玻璃，没有足够的桌椅，听课的人一多，有的只能站在窗外听；吃的是混有沙子、泥土的“八宝饭”，有时连这样的饭还吃不上。但是，这里有优秀的师资力量和优良的学风。邓稼先十分珍惜这艰难的学习机会，在艰苦的环境中发奋学习。

【动作描写】在西南联大求学期间，学校生活异常艰苦，正是这样艰苦的条件下培养了科学家的品格。

那时候，许多课程没有课本，上课时做笔记显得更加重要。邓稼先的笔记总是记得仔仔细细，课后再认真整理，当作资料精心收集起来。他还常到图书馆去“抢书”，抢先借到一本参考书，就大段大段地抄下来。

【动作描写】邓稼先在大学里学习十分努力，刻画了他勤奋好学的形象。

有一次，图书馆一开门，他就进去想借一本《物理学》，但另一个同学先借着了。他怕人家看完后还掉又错过阅读机会，就一直在那位同学背后等着。

邓稼先热爱科学知识，对各个领域的科学家非常崇敬，在读书之余，他经常给大家讲科学家的故事。他渴望着有一天自己也能攀登上科学的高峰。

【细节描写】邓稼先为自己树立了崇高的目标。只有拥有远大理想，才会取得更大成绩。

大学毕业后，邓稼先到北京大学任教，除了搞教学和科研外，他还积极参加各项民主爱国运动。新中国成立前夕，邓稼先离开祖国，只身一人到美国的一所大学学习当时物理学的最新学科之一——原子核物理。不少人对此感到纳闷：邓稼先是

【语言描写】

邓稼先赴美留学不是为了个人前程，而是为了将来报效祖国。刻画了他有一颗赤子之心。

【事件概述】

为了祖国的需要，这位世界知名的科学家隐姓埋名几十年，待在戈壁沙漠奉献终身。

爱国运动的积极分子，为什么在黑暗即将过去，光明就要来临的时刻到美国去呢？邓稼先向人们解释说：“新中国即将成立，建设需要人才，我学成后就回来。”

1950年9月，邓稼先回来了，他心中装着新中国，带来了献给新中国的礼物——原子核科学知识。

新中国的原子科学急需拓荒，为了打破超级大国的核垄断，党中央组织了代号“596”的秘密工程——造原子弹。邓稼先被选中，率先探寻神秘的核火。从那时起，邓稼先便离开了理论物理学的研究，一头钻进渺无人迹的大戈壁和山坳坳里。28年的时间里，他隐姓埋名，谁也不知道他在哪里，在干什么。原子弹工程的每一项工作都是开创性的，工作量极大，需要试验的项目很多，邓稼先和大家一起，没黑没白地干，有时累得站着说话时都会睡着。

1963年，原子弹总体计划设计完成，邓稼先庄重地在上面签上自己的名字。

1964年10月16日，戈壁深处腾起一个巨大的火球，原子弹爆炸成功了！1967年6月17日，又一枚火球腾空而起，氢弹爆炸成功了！邓稼先为两弹升空做出了重大贡献，他以自己出色的成绩和辛勤的劳动，赢得了“两弹元勋”的光荣称誉。

阅读与理解

【名师点拨】

一个人的眼界有多宽，心胸就有多大；一个人理想有多远，他就能走多远。邓稼先的事迹告诉我们，唯有将自己的命运和国家的命运紧密结合在一起，才会走得更远。

【回味思考】

1.在西南联大期间，邓稼先是如何刻苦学习的？

2.赴美留学前夕，邓稼先是如何解释的？

3.读了这位科学家的故事，你有什么感想？

孙中山

名师导读

归国途中，孙中山乘坐的小船连续接受清朝官员的检查，每次检查，乡亲们无不小心地递上钱财。年幼的孙中山愤愤地问旅客们："面对这些腐败万恶的官吏，你们居然忍气吞声？"

1866年11月12日凌晨3时许，在广东省香山县(今中山市)东南方向的翠亨村，一个贫寒的农民家庭里，一个男婴呱呱坠地了。谁也不会想到，46年后，就是这个出生于破旧小屋的农家婴儿，竟成了清王朝封建专制统治的掘墓人、"中华民国"的缔造者——孙中山。

孙中山降临在一个贫苦的农民家庭，他的祖辈都是农民。贫穷使孙中山一家备受本村权势富贵之家的欺侮，孙中山从小就饱尝人间冷暖和世态炎凉。

【人物介绍】

孙中山从小受到权势富贵的欺辱，在他幼小的心田种下反抗的种子。

有一次，孙中山的父亲往田里送粪，路过本村地主杨宝常家门口，杨站在门口，捂着鼻子朝他大骂道："这大粪真臭，以后再不准挑粪经过我家门口！"杨家有钱有势，孙中山的父亲只好忍气吞声，悄然疾步走开。

又有一回，邻居地主婆杨启焕之妻。丢失了一只鸡，诬陷孙中山的父母偷了，气势汹汹地扬言要到孙家搜查。后来才发现，鸡是跌入粪坑内死的，与孙家没有任何关系……

生活在这样一个贫困的家庭里，幼年时代的孙中山，常常没有鞋子穿，没有米饭吃，几块白薯便成了一顿午餐，备尝艰辛，所以孙中山很小就参加农业辅助劳动。6岁时，他便跟着姐姐上山砍柴，到塘边捞猪饲料，下田除草，放牛。他不但能做农活，而且做得很快。

【细节描写】

只有少年时受过苦，才能体会到生活的艰辛，更加渴望公平的社会。

有一次，他与四姐去山上割芒草，一到山上就乱跑，去采摘野山果。四姐心里很着急，暗想：看你那担芒草几时才割完。

过了好长一段时间，孙中山才开始割，不大的功夫，芒草便割完了，捆好芒草后，见四姐还没有割完，就又帮着四姐割。

【细节描写】
太平天国的故事深深扎根于孙中山幼小的心灵，坚定了他反抗清朝的信念。

翠亨村里有一位参加过太平天国运动的老兵冯爽观，太平天国起义失败后，冯爽观侥幸逃脱，一有时间，冯爽观就喜欢跟村里的孩子们讲太平天国的故事：

"太平天国的天王叫洪秀全，他是距香山几十里路的花县人。自幼聪明好学，但因科场黑暗，屡试不第。后来，他创拜上帝教，在广西金田起义，穷苦百姓纷纷响应，队伍不断壮大，一口气打到南京，占据了半壁河山。那时，清兵一见到头包红布的太平军，掉头就跑，真是威风极了。我就是那时随太平军一起打入南京城的……"

【神态、语言描写】
听到高兴处，孙中山赞叹洪秀全，渴望也能像他一样建立如此功勋。

村童们都听愣了神，孙中山更是全神贯注，当他听到洪秀全兵进南京建都时，不禁脱口说道："洪秀全真是个英雄好汉！"

冯爽观继续讲道：

"定都天京后，太平军分兵北伐、西征，多次大败清军。并颁布《天朝田亩制度》，颇受穷人拥护。但后来因天国内部发生了争权夺利的内讧，兄弟自相残杀，血流成河，结果被曾国藩的湘军趁势击败了。我那时能逃脱出来，回归故乡，真是侥幸。"讲到这里，冯爽观的眼圈红了，他用衣襟拭了拭眼泪，满怀希望地看着眼前这群虎头虎脑、活泼可爱的村童们。

孙中山似乎体会到老人的心意，自言自语地说："真是可惜，要是洪秀全灭了满清就好咯！不过，难道洪秀全死了，就没有人起来反抗满清了吗？"

冯爽观听后，喟然长叹，说："那就要看天下能不能出现一个豪杰，做'洪秀全第二'了。"

孙中山略微思索了一下，大声说道："我愿做一个'洪秀全第二'！"

【细节描写】
带着对清廷的憎恶和对洪秀全的敬仰，孙中山产生了革命的思想。

从此，孙中山常以"洪秀全第二"自称，对洪秀全的反清革命业绩钦佩不已，对清政府的腐败统治产生了憎恶感，开始萌发了反清思想。在他幼小的心灵里，埋下了反清革命思想的种子。

有一天，翠亨村内发生了一起白日抢劫案。原来，前些日子，一位美国侨商回到了翠亨村，准备在家乡安度晚年。村里人告诉他，这里常有海盗出没，有点财产的人家应该注意防范。

为此，侨商特地建筑了坚固的住宅，有铁板大门、水泥墙壁，在当时的翠亨村，堪称是铜墙铁壁、固若金汤了。但是，一天上午，十几个海盗还是包围了侨商的家，一场洗劫开始了。

为了砸开侨商家的铁门，海盗抬来了一根极粗的硬木，十多个人抬起来，使劲地冲撞。不一会儿，铁门被撞开了，侨商一家吓得从后门落荒逃走，海盗欢呼着，冲进宅院，抬走了一箱箱财物。海盗撤退后，侨商一家才敢返回，伏在残断的墙垣上，仰天痛哭：

“我这辈子是全完了！海盗把我一生的血汗钱都抢走了！为什么回到自己的故乡，却得不到国家的保护啊……”

【语言描写】侨商的痛哭是对腐败清廷的控诉，呼喊太平世界的到来。

海盗抢劫时，村里人都是闭门不出，只有孙中山和几个胆子大的私塾同学从小道来到侨商住宅附近，躲在树丛中，从始至终目睹了这场青天白日下的大抢劫。

海盗抢劫侨商的事让孙中山想了很久，他不明白为什么侨商在海外辛辛苦苦挣来的血汗钱，在他的故乡、祖国得不到保护？为什么清兵只会对老百姓逞威风，却从不保护百姓的利益？而在与外国侵略者打仗时也经常是望风而逃？这一切太不合理了，太黑暗了，难道这些都不能改变吗？

【排比句】孙中山有太多疑惑想不通，这么多问题更加坚定了他推翻清朝的信念。

1883年7月底，经过20多天的海上漂泊，在外求学五年的孙中山乘坐轮船从檀香山返回香港。稍事休息后，又改乘沙船赴香山县金星港。这种沙船在广东沿海极为多见，它的船底较平，结构坚固，在沙滩上搁浅时不易损坏或翻船。

坐在沙船上，孙中山心里非常高兴，因为再过不长的时间，就要到金星港了，他希望沙船能快点入港，自己早点回到家乡，见到父母和翠亨村许多朝夕相处的小伙伴。

忽然，孙中山发觉沙船的速度慢了下来，正要起身问个究竟，只见船长快步走了过来，告诉船上的旅客：“前面有一个小岛，岛上设有朝廷厘捐局的检查关卡。各位对厘捐局的老爷们要客气些，千万不要惹恼他们，不然，我们全船的人都会遭殃。”

【语言描写】船长警告乘客，前面有清廷的关卡。刻画了清朝的腐败和黑暗。

听了船长的话，船上的旅客显得有些紧张，孙中山则没有一点恐惧感，他站在甲板上，平静地向家乡方向眺望，他的心早已飞往家乡了。

沙船靠岸后，随着一阵嘈杂的脚步声，一批吏员昂首走上

【动作描写】

清朝官吏更像是强盗，光天化日下受贿索贿，甚至抢劫。

船来。孙中山恋乡的思绪被打断。只见这些吏员在旅客面前走来走去，翻遍了旅客携带的大包小裹，见到值钱的东西，便指为违禁品没收。一些旅客只好拿出一些礼物送给他们，以免去麻烦。折腾了好一阵子，这批吏员才满脸堆笑地揣着“战利品”扬长而去。孙中山愤愤地叹了口气，将被翻得乱七八糟的衣箱收拾好，盼望着沙船起航。

但谁知第二批吏员又气势汹汹地走上船来，大声嚷道：“打开行李，检查，检查！”当吏员走到孙中山眼前时，他忍不住反问了一句：“我的行李已经检查过了，为什么还要重复一次？”吏员看了这位胆大嘴硬的少年，没好气地说：“上次的检查，不过是收本地的海关税，我们是收厘捐的，快打开。”孙中山只好重新打开行李，任吏员在其中乱翻一阵。

过了一会儿，第三批吏员又到甲板上来了，他们手提利刀，在旅客的行李中乱挑乱翻。“把你的行李打开！”一个吏员向孙中山厉声命令道。

【语言描写】

刚查过海关税，又查厘捐税，还要查鸦片，这些清朝官吏无不打着各种名号搜刮百姓钱财。

“我的行李已经打开两次了……”孙中山平静地回答道。

“他们是收海关税和厘捐税的，我们是查禁私运鸦片，保护百姓的官员，你懂不懂？”

孙中山只好无可奈何地第三次将箱子打开。

吏员下船后，孙中山松了口气，以为这下总该结束了吧。但就在这时，第四批自称是“查禁私运火油”的官员又傲慢地走上船来。“我们是查禁私运火油，保护公众安全的，快把行李打开！”吏员瞪着贪婪的眼睛，面部毫无表情地喊着。

孙中山终于被吏员繁琐的检查和无耻的勒索激怒了，他站起身来，向吏员厉声喝问道：“你们又为什么而来？检查了三次难道还不够吗？”

【神态、语言描写】

又来一批官吏，和上几次一样都是变相抢劫。刻画了清廷官员腐败透顶，外强中干的形象。

听了孙中山的怒吼，吏员吓了一跳，定睛一看，发现是位十六七岁的少年，便又恶狠狠地说道：

“我们是查禁私运火油，保护公众安全的，少啰唆，快把行李打开，否则，休想开船。”

孙中山又据理反驳道：“你们已经看了我行李的数目和大小形状，这样的衣箱也能窝藏火油吗？真是太可笑！”

吏员见孙中山嘴硬，便用厉声恐吓，执意要检查他的行李，而孙中山始终不同意检查。吏员冷笑了几声，便起身走下船去。

船长见状，吓得面如土色，不知如何是好。旅客们也预感到要发生麻烦事。果然，不大的功夫，设在岛上的厘捐局传来命令：沙船拒绝接受检查，扣留一日，等待检查。就这样，这艘已接近祖国海岸线的沙船竟被扣留了一夜。

【神态描写】
船长和乘客们都被吓坏了，不敢言语。刻画了这些人被官府欺压惯了，没有丝毫反抗意识。

次日清晨，船长亲自登岸，给厘捐局送去了一大笔称作“罚款”的贿金，沙船才被放行。孙中山在归国途中，还没有回到祖国大陆，便已体验到中国政治的腐败，目送着厘捐局所在的小岛，他愤愤不平地向旅客问道：“中国在这些腐败万恶的官吏掌握中，你们还坐视不救么？”

【反问句】
面对腐败的清廷，孙中山怒不可遏，已经萌发了革命的想法。

然而，度过5年的海外求学生涯归来之后，他发现，与外面世界的神奇、飞速发展变化相比，家乡依旧是老样子：穷苦人家仍然过着连白薯也吃不上的生活；村里的孩子绝大多数仍然读不起书，少数读私塾的孩子，也依旧是走进幽暗的冯氏宗祠，不求甚解地读着“人之初，性本善”；蛮横不讲理的差役和贪鄙无耻的官吏，其贪婪和无耻，比起沙船上肆虐的吏员，有过之而无不及；有钱人吸食鸦片、纳妾，过着纸醉金迷的生活。这一切太不合理了，为什么海外有美好富足的生活，在中国却不能有呢？

【排比句】外面世界一日千里，各国力争上游，而中国依然贫困、落后、愚昧，这一切无不刺激着孙中山革命的理想。

归乡后的一天，孙中山和同学陆皓东相约外出游玩，经过“北极殿”时，发现这里格外热闹，长长的供桌上，摆满了水果、点心等供品，烛台上烛光闪闪，香烟缭绕，乌烟瘴气。神像前，正跪着几个叩头的老人，模样极是虔诚。看到上香者虔诚的样子，孙中山感到又好气，又好笑，他和陆皓东交换了一下眼色，便一起走过去，弯着腰对老人说：“这些木偶毫无知觉，本是人所做成，它连自己都不能保护，怎么能保护你们！敬这些木偶有什么用呢？”

老人惶恐地抬起头，在“北极殿”里，他从未听过此类大逆不道的话语，他惊慌地劝说道：“孩子，不可乱说，快跪下谢罪，要不会遭灾的。”

孙中山听后，哈哈大笑：“这个木偶，本来就没有知觉，它怎能惩罚人类呢？如果你不相信，就请你看看它能不能阻挡我折断它的手指。”

【神态、语言描写】少年孙中山一针见血地指出封建迷信的荒谬。

说罢，孙中山跳上供桌，握住了“北方真武玄天上帝”那只僵硬的手臂，用力一拉，只听“沙”的一声，神像身臂分离，露出了稻草和烂木头。跪拜的几位老人和一大群围观者都惊呆了，他们简直不敢相信自己的眼睛。孙中山则站在供桌上，指着砸坏了的神像说：“看你这样威风，现在又奈我何？我折断了他的手臂，他还照旧笑，这样的神难道能保护我们的乡村吗？”说着，孙中山又一挥手，把左廊的一个“金花夫人”塑像的脸皮刮破，并毁掉了一只耳朵。陆皓东也走过来，和孙中山一道，将“金花夫人”的脸蛋画成了又花又丑的大花脸。老人们看到眼前这位胆大包天的青年竟敢将神像击碎，早已吓得魂不附体，伏地念佛，连说：“罪过！罪过！”有些围观者也惧怕受牵累，纷纷逃散了。孙中山和陆皓东则在一旁呵呵大笑，待人群散尽后，才得

【巧用对比】少年人藐视一切封建牛鬼蛇神，愚昧的乡民诚惶诚恐，胆战心惊。

意地向家里走去。正是凭着这种疾恶如仇的反抗精神，孙中山才得以摆脱封建世俗的束缚，在探求真理、学习西方、拯救中华的道路上继续顽强地前行。

阅读与理解

【名师点拨】

青年孙中山曾经拜访过晚清重臣李鸿章，当时李鸿章对这个激情四射的青年冷言冷语，认为他的强国梦只不过是头脑发热，不切实际的幻想，根本不值得听。两人谈话还不到十几分钟，就被傲慢的李鸿章打断，孙中山也被轰了出来。对清廷彻底失望的孙中山终于下定决心，要用毕生精力推翻反动、腐败的清廷，建立一个共和国家。

【回味思考】

1.少年时的哪些经历让孙中山决定推翻腐败的清朝？

2.归国途中，孙中山受到了哪些不公平的对待？

3.你了解孙中山先生么？你知道辛亥革命么？

4.孙中山为什么会被尊称为“国父”？

华佗

名师导读

瘟疫横行，母亲病死，使得华佗大受打击，他听说西山护国寺有位道人精通医道，就不远千里前去拜师。

【人物介绍】

华佗为东汉时期人，他首创了“麻沸散”，外科手术时实行全身麻醉。

东汉末年，有一个有名的医生叫华佗，他精通内科、外科、妇科、儿科及针灸科，他发明的“麻沸散”，是世界上最早使用的麻醉药。华佗高明的医术，是和他从小立志学医分不开的。

华佗小时候家里很穷，当华佗还很小时，父亲就病故了，哥哥被拉去当兵，只有母亲和他相依为命。他的家乡是盛产药材的地方，华佗靠采药为生，天长日久，稍通药性，华佗便试着为乡亲们治病，倒也十分灵验。

有一年，瘟疫流行，华佗的母亲得了怪病。他束手无策，医生也治不了，华佗眼睁睁地看着母亲死了。这事对华佗打击很大，从此，华佗立志投师学医，为众人排忧解难。

【语言描写】

一问一答间，刻画了学医的艰辛和华佗学医的意志。

华佗采药时，听说西山护国寺有位道人名叫治华，这治华精通医术，于是他不顾山高路远，走了整整一个月，终于来到了护国寺。治华道人问他：“学医很苦，你真的想学吗？”

华佗坚定地说：“我不怕苦，真心诚意！”

治华道人说：“既然你真心，不怕吃苦，那先干几年杂活再说吧。”

华佗磕头拜了师，跟治华道人来到一个大院。他抬头一看。不由大吃一惊，只见里面到处躺着病人，长疮流脓的，断腿出血的，癞头脱发的……什么病人都有。治华道人说：“你就在这里烧水刷盆，侍候病人吧。”

华佗二话没说，卷起袖子就干了起来。由于他学医诚心，不论刮风下雨，白天黑夜，从不离开病人。师傅给病人吃什么药，他都一一记在心里。一晃过了3年，华佗治病知识也增长了不少。一天，治华道人对华佗说："你已磨炼了3年，认识了不少病症，但这还不够，要再学三年医书药典。"说完，他把华佗引到了一个堆满药书、挂满图表的大房，说："读书不能急躁，你就在这里认真读书吧！"

华佗遵照师傅的吩咐，白天帮师傅制药，晚上在油灯下苦读，从不偷懒。冬去夏来，一眨眼又过了3年。

【动作描写】华佗学医之路异常艰辛，干了三年杂活，又读了三年医书。

这天晚上，华佗正在看书，有个道童慌慌张张地来报告："师傅得了重病，你快去看看吧！"华佗赶忙奔过去，只见师傅不省人事地躺在床上。众师兄弟乱成一团，谁也不知师傅犯了什么病。华佗走近床头搭了一下脉，笑着松了口气："各位请放心，师傅没病。"话音未落，治华道人霍地坐了起来："我的确没病，是特意试试你们的！"众兄弟恍然大悟，非常佩服华佗的医术。说话间，忽然藏书屋里冒出了浓烟，大家冲过去，但已经晚了，大批医书被烧成了灰烬。

【神态、语言描写】华佗搭脉后，自信地认为师父没病。突出了他医术日趋精湛。

华佗心想，幸好自己已把医书全背熟了，现在得赶紧重新默写下来，对师傅也好有个交代。于是，从这天起，华佗就开始默写医书。好多天过去了，当他写完最后一个字时，治华道人站在了他的面前说："那火是我让人点的，不过不是为了烧掉医书，我只想考考你书读得怎么样了。现在，你真的出师了。眼下世上瘟疫流行，我不再挽留你了。"

华佗告别师傅，开始了治病救人的生涯。由于华佗医术高明，渐渐地，华佗成了远近闻名的名医。

【事件概述】华佗医术高明，救人无数，自然名扬天下。

华佗成了名医以后，仍不忘向高明的老先生请教。有一天，有个年轻人请华佗治病。华佗把脉一按，对病人说："你得的是头风病。药倒是有，只是没药引。"

"要什么药引啊？"

"生人脑子。"

病人一听要生人脑子做药引子，吃了一惊，心想这没法找，只得回家去了。

过了些日子，这年轻病人又找到一位老医生。老医生问他："你这头风病找人看过吗？"

年轻人说："找华佗看过，他说要生人脑子做药引，我没法，只好不治了。"

【语言描写】年轻人的疾病十分奇异，属于疑难杂症，无药可救。

老先生哈哈大笑，说："不用找生人脑子啦，找10个旧草帽，

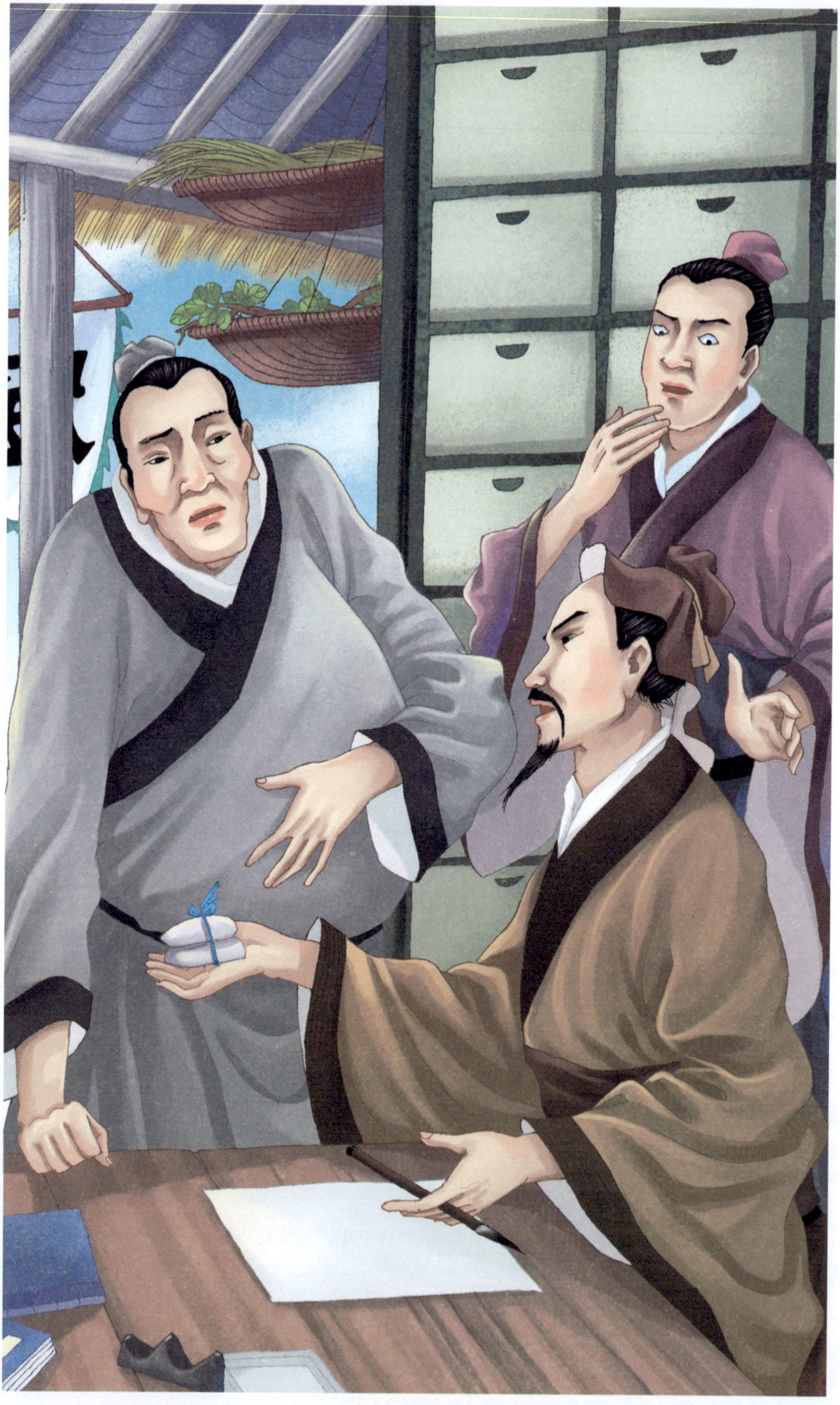

煎汤喝就行了。只是记住要找人们带过多年的草帽才顶用。”

病人照样做了，果然药到病除。有一天华佗又碰到这个年轻人，见他生龙活虎，不像有病的样子，就问：“你的头风病好啦？”

年轻人笑着回答：“是呀，多亏一位老先生给治的。”

华佗又问吃的什么药，什么做药引子。年轻人说：“用旧草帽煎汤。”

华佗一听，连忙问那老医生住在哪里。年轻人告诉了华佗。华佗回家一想，别人积累了多年的经验，才得到的秘方，哪里会轻易传授，我只有去他门下求学才行。于是华佗就装扮成一般人模样，给那位老医生当学徒，一学就是3年。

【心理描写】华佗唯恐老先生不答应教授医术，他求医心切，决定拜在门下。

这天，老先生外出治病去了。华佗同师弟在屋里炼药。这时门外来了个病人，只见他肚大如箩，腿粗如斗。病人说是特意来找老先生治病的。老师傅不在家，华佗的师弟不敢随便接待，就叫病人改天再来。病人苦苦哀求道：“求求先生，帮我治一下吧！我家离这儿很远，来一趟真不容易啊！”

这时华佗出来了，见病人确实病重，不可迟延，就说：“我来给你治。你拿二两砒霜，分两次吃。可不能一次就吃了啊！”病人接过药，连声感谢。

病人走了之后，师弟埋怨华佗了：“你可知道那药有毒，吃死人怎么办？”

华佗说：“这人得的是膨胀病，必须毒攻，这叫以毒攻毒。”

【语言描写】华佗对自己的医术自信满满，相信一定会药到病除。

师弟说：“治死了谁担待得起？”

华佗笑着说：“不会，出了事由我担着。”

再说那大肚病人拿了药走到村外，正巧碰上老医生回来了，病人走向前向老先生求医。老先生一看病人，说道：“你这病容易治，买二两砒霜，匀两次吃，一次吃有危险。快回去吧。”

病人听了，把手一伸，说：“二两砒霜，你徒弟给我了，他也叫我分两次吃。”

老先生接过药一看，上边果然写得清清楚楚，老先生心想：“我这个秘方除了护国寺老道人和华佗还有谁知道呢？我没有传给弟子啊！”

【心理描写】老先生心起疑窦，世上只有两人知道此秘方。刻画了老先生心思缜密的人物性格。

老先生回到家里，就质问两个徒弟：“刚才大肚子病人的药是谁发的？”

师弟指着华佗说：“是师兄，我说这药有毒，他不听，逞能哩！”

华佗在一旁不慌不忙地答道："师傅，病人得的是膨胀病，腹中有毒，砒霜也有毒，以毒攻毒，病人吃下肚有益无害。"

"这是谁告诉你的？"

"护国寺老道人。我在那里学了几年。"

老医生这才明白，他就是华佗，就忙说："华佗啊！你怎么到我这里来学医呀？"

"师傅，你认错了吧！"

"不会，我的秘方没有别人知道。"

华佗只好把来求学的来由说出。

老先生听华佗说完，就一把抓住他的手说："啊，你已经名声远扬了，还到我这穷乡僻壤来吃苦头，真了不起啊！"

华佗说："老先生，人的才能有高有低，但是各有所长，我没有的东西，就该向你学，行医人和行医人都是一样的啊！"

【语言描写】 术业有专攻，闻道有先后，每个人身上都有可取之处，要善于发现别人的长处。

老先生感动得直掉泪。随后，他不仅把治头风病的秘方告诉了华佗，还教给华佗许多医术。由于华佗谦虚好学，尊敬师长，医道就更高明了。

阅读与理解

【名师点拨】

华佗是东汉末年三国时期的名医，他首创了以全身麻醉的方式进行外科手术，以减轻患者的痛苦。华佗后来被疑心病很重的曹操下狱，并要治其死罪。华佗在狱中写下医书，要狱卒将医书传下去，以解救天下人疾病。但狱卒害怕受连累，居然将华佗毕生心血付之一炬，麻沸散也没能流传下来。

【回味思考】

1.为学习医书，华佗是如何做的？

2.华佗在学医的道路上，经历了哪些考验和困难？

3.你还知道哪些关于神医华佗的故事？

毛 泽 东

名师导读

书上关于世界伟人的故事深深地吸引了少年毛泽东，伟人们的历史功绩强烈地震撼着他的心。读着读着，他情不自禁地在书上圈画着。

毛泽东16岁时，父亲要送他到湘潭县城一家米店当学徒，指望儿子继承家业，发家致富。恰在这时，毛泽东从表兄嘴里得知，湘乡县有一所新式学校，叫县立东山高等小学堂，在那里可以学到新的知识。毛泽东十分高兴，决心前去求学。为了说服父亲，毛泽东求助于母亲，最后他和母亲邀请舅舅、表兄和同族长辈以及私塾老师来家劝说，终于使父亲改变了主意。

【细节描写】少年毛泽东追求救国救民的新学，不屑当米店学徒。刻画了毛泽东以天下为己任的远大理想。

在东山学堂里，毛泽东进一步开阔了视野，对国家大事也更加关心了。每天早上，学校里都要集合点名。校长经常利用这个机会给学生训话，有时也讲一些时事，很多内容都是关于中国日益贫弱、遭受列强欺侮的。毛泽东和同学们听了，都很激愤。

【神态描写】听到国家贫困，备受欺辱，毛泽东和同学们异常愤慨。刻画了少年毛泽东强烈的爱国心。

有一天，毛泽东见到一位同学手里拿着一本《世界英雄豪杰传》，就非常急迫地借过去看。书中拿破仑、彼得大帝、叶卡捷琳娜女皇、惠灵顿、格兰斯顿、卢梭、孟德斯鸠、华盛顿和林肯等人的故事深深地吸引了他。这些世界伟人的历史功绩强烈地震撼着毛泽东的心，他多么盼望中国也能出现这样的伟人，来改变国家的命运，拯救国家的危亡。读着，读着，他禁不住用笔在书上圈画起来。

过了几天，毛泽东找到书的主人，深怀歉意地说："对不住，我把书弄脏了。"那个同学打开一看，整册书都用笔画了许多圈点，华盛顿、拿破仑、彼得大帝等人的传记处画得最密。毛泽东读书时的激动心情跃然纸上。看到毛泽东发愤读书、忧国忧民的样子，这位同学还能说什么呢？毛泽东无限感慨地说道："中

【细节描写】毛泽东在书上批注了许多圈点，刻画了他读书态度认真，渴望做中国的伟人。

国也要有这样的人物。我们应该讲求富国强兵之道，才不致重蹈高丽、印度的覆辙。中国有句古话：‘前车之覆，后车之鉴。’而且我们每个国民都应该努力，顾炎武说得好：‘天下兴亡，匹夫有责！’。”他还说：“中国积弱不振，要使它富强起来，要有很长的时间。但是时间长不要紧，你看，华盛顿经过八年艰苦战争之后，才取得胜利，建立了美国……”

【语言描写】
毛泽东深谋远虑，以战略家的眼光指出革命道路异常艰辛。

这时候，毛泽东已逐渐确立了以天下兴亡为己任的思想。于是，他在离开东山前，给自己取了一个言志的笔名——子任。

阅读与理解

【名师点拨】

毛泽东生于乱世之中，当时的中国内外交困，国内朝廷腐败无能，国外列强对中国虎视眈眈，人民处于水深火热之中。生于这样的年代，毛泽东从小对百姓生活的困苦、社会现实的残酷感受很深，因此，他独立自强、勤奋好学，少年时就确立了以天下为己任在思想。通过这篇文章，小读者们可以体味伟人的博大胸怀，感受伟人独特的人格魅力，应该学习伟人的独立、自强、勤奋等优秀品质。

【回味思考】

1.毛泽东在朋友的书上批注了很多圈点，这个细节刻画了他怎样的人物性格？

2.《世界英雄豪杰传》给了少年毛泽东哪些启示？

关 天 培

名师导读

面对敌人的进攻，关天培拔出大刀，纵身跳出战壕。炮台的守军们看见主将身先士卒，如此英勇，也纷纷跳出来和英军肉搏。

鸦片战争爆发后，钦差琦善奉行对英妥协政策，沙角、大角两个炮台相继失守，关天培亲赴靖远炮台坐镇指挥。可因为琦善的破坏，关天培只剩下450名官兵和几十门大炮，弹药不足，供给困难。

【事件概述】琦善是投降派，对英国侵略者一味地忍让，退缩。

一天夜晚，军士冲入帅营，匆忙禀报道："英国人杀过来了……"关天培沉稳地站起身，命令道："全体集合！"口令传下，守卫炮台的官兵齐刷刷地站在了沙滩上。

关天培全身披挂，腰悬宝刀，威风凛凛地站在队伍前："弟兄们，洋鬼子打来了，一场大战就要开始。我们虽然人少、炮少、弹药不足，但我们都是不怕死的英雄，只要我们还有一口气在，就不能让炮台失守。"他顿了顿，扫了一眼面前这支并不庞大的军队，大声问道："你们愿意与炮台共存亡吗？"

"人在炮台在，我们誓与将军共存亡！"坚定的回答响彻云霄。

【语言描写】强将手下无弱兵，在关天培的感召下，众官兵团结一致。

天渐渐亮了，海面上浮现出无数个黑点，由远而近，越来越大，英国舰队终于来了。炮声开始响起来，海水不停地翻腾着，两军开战了。

关天培虎目圆睁，号旗一摆："开炮！"官兵们齐声喊道："杀敌报国，大家冲啊！"刹那间，几十门大炮一齐开火，击沉了三只英军船。这时，英军司令乔治命令铁甲舰上前，几百门大炮猛轰清军炮台，靖远炮台燃起了大火。在浓烟的掩护下，英军一个个猫着腰、端着枪登上了岸。

【细节描写】英国船坚炮利，武器先进，依靠猛烈炮火攻击炮台。

关天培"刷"地拔出宝刀，纵身跳上了壕边："弟兄们，随我

【动作描写】

关天培跳入敌阵，与敌人展开厮杀，守军们也纷纷效仿。

杀啊！”激烈的肉搏战开始了。关天培身先士卒，勇猛无比，在敌军中冲杀着。炮台守军看见主将如此英勇，也都拼出了全身力气……

1841年2月26日，区区数百名守兵苦苦地支撑着靖远炮台，他们期待的援兵却一直没有来。力气用尽了，伤口在流血，人一个个地倒下去，关天培和他的数百名勇士，惨烈地倒在了血泊中……

关天培是我国近代反侵略战争史上第一位捐躯沙场的水师高级将领。他死前曾寄给家人一个箱子，箱子里装着他掉落的几个牙齿和几件旧衣服。他舍身弃家思报国的精神打动了亿万中华儿女。爱国诗人朱琦曾作诗缅怀：“将军徒手犹搏战，

自信力竭辜国恩。”

阅读与理解

【名师点拨】

关天培殉国后，他的灵柩送回淮安安葬，家乡的士大夫、乡绅数百人前来相送，道两旁的乡亲们无不失声痛哭。为了纪念这位抗英名将，在他的家乡淮安修建了关天培祠。在关天培殉难的地方虎门，还兴建了“关忠节公祠”。

【回味思考】

1.面对数倍于自己的强敌，关天培是如何应战的？

2.镇远炮台是如何失守的？

3.你知道鸦片战争么？鸦片战争是如何爆发的？

宋应星

名师导读

宋应星认为科举考试简直是浪费生命，与其把毕生精力投入到毫无实际用途的书本上，不如学一些有用的东西。

【细节描写】 科学家的经历启示读者，从小就要勤奋好学，更重要的是善于独立思考。

在17世纪，我国出版了一部关于科学技术的著作叫《天工开物》，它的作者是我国明代一位杰出的科学家宋应星。

宋应星从小就勤奋好学，而且善于独立思考。他读书最大的特点就是力求深解，同时还能经常通过实践验证书中所说的道理。他常常去调查询问工人、农民，虚心学习劳动者的生产知识，并加以研究和总结。宋应星多次参加科举考试，屡考屡败，他终于下定决心放弃科举，潜心投入到科学技术中。

1634年，宋应星47岁时，被派到江西省分宜县当一个管理教育的小官。

从那时起，他开始了《天工开物》的写作。

要写文章，必须要有参考书，但因为穷买不起；想找个朋友帮忙吧，又没有地方留人家住宿。

但他还是利用一切能利用的条件，克服重重困难进行写作。

经过三年的辛勤劳动，书终于写成而且出版了。

【解释说明】 《天工开物》是一部介绍工农业生产的科学巨著，在中国古代科学史上有重要地位。

《天工开物》共18卷，内容非常丰富，包括农业、矿冶、铸造、纺织、食品加工、造纸、印刷及其他工业生产等方面的全部生产经验。书中还附有123幅精美生动的插图，图中画的各种生产工具比较准确，有立体感，解说文字简洁，图文并茂。

由于有各种各样的插图，打开《天工开物》，就像看电影纪录片一样，将我国300年前一切丰富的物产情况一一展现在了眼前，如农业部分的选种、育种、耕作、水利、土壤、肥料等，描述十分详细，对水稻的品种也分别做了介绍。

《天工开物》中对我国劳动人民的发明创造也作了详细记载。如：把生铁直接灌注熟铁的“灌钢”冶炼法，就是我国劳动人民的伟大创举。书中还记载了不少外国的技术成就，如日本船和朝鲜船的形式，"佛郎机"的枪炮等。

宋应星写《天工开物》那种实事求是的科学态度和严肃认真的工作精神是令人钦佩的。我国古代有一种叫做"狼烟"和"江豚灰"的军事燃料，相传"狼烟"在白天燃烧，烟是黑的，夜晚燃烧烟是红的，且能迎风直上，而"江豚灰"还有顶风燃烧的特点。

【细节描写】一部伟大的作品背后一定有科学、严谨的态度和严肃认真的精神。

对这种传说，宋应星绝不轻信，而是将这些现象都亲自观察后才把它写进书里。

书中有一节是写"蚕种"的，他这样记述："蛹变成蚕蛾，要经过十天左右的时间。雄蛾和雌蛾的数目大致相同，交配以后，雄蛾死去，雌蛾就产卵，一只雌蛾能产二百多粒卵，产下的卵自然均匀地铺在纸上，从来没有堆成一堆的。"因此证明作者如果不是经过细致的观察，哪能写得这样明确呢！

宋应星由于长期接触劳动人民，对劳动人民产生了深厚的感情。《天工开物》中有不少地方揭露了封建统治阶级对劳动人民的残酷压迫。

【细节描写】宋应星是一位有良知的科学家，他深深地植根于劳动人民中间。

《天工开物》一书在科学上具有很大的参考价值。后代著书立说的人都引用过它的文字和插图。它几乎是一部百科全书式的科技文献。

阅读与理解

【名师点拨】

宋应星曾多次参加科举考试，但都失败。后来他认识到终生埋头书本而缺乏实际知识，是真正的不足为道，浪费生命。他终于下决心放弃科举，转向实学，钻研与国计民生有切实关系的科学技术，开始了他一生中的重要转折。宋应星在研究的过程中，遇到问题和疑惑会虚心向劳动人民请教，并及时记录下有关工农业生产技术的知识，终于写出了不朽的巨著《天工开物》。

【回味思考】

宋应星渊博的知识和实践本领是从哪里学来的？

司马光

名师导读

司马光的父亲深知儿子这几天沉浸在别人的赞誉中，养成了爱慕虚荣和撒谎的坏毛病，迷失了方向，有必要让他清醒过来。

那一年，司马光6岁了。一天，他跟着姐姐在父亲书房的外屋玩。忽然间摸到自己衣袋里的几个核桃，就掏出来，砸开硬壳，吃起里边的核桃仁来。“哎哟！”他刚刚嚼了几下，只觉得嘴里涩得很，急忙“呸，呸”地又吐出来，咧着嘴看着姐姐。姐姐一笑，指着核桃仁告诉他：“你瞧，它的外面包着一层薄皮，把这层薄皮剥掉，它就不苦啦！”司马光听了，赶快捏起核桃仁，用小手抠着去剥皮，可是累得他眼睛都发酸了，怎么也剥不干净。姐姐惦着到院里去玩，就从书房出去了。

【语言描写】生活中有许多小知识、小技巧，再聪明的人也不可能都掌握。

这时候，恰巧有个给他们家干活的使唤丫头来送开水，她瞧见司马光正在犯愁，就把核桃仁放到茶杯中，浇上开水泡了一会儿，然后捞出来，很容易就把那层薄皮剥掉了。“好，好啊！”司马光忍不住跳起来，嚼着那香喷喷的核桃仁，他可真高兴呀！姐姐再回到书房时，看到弟弟手边的核桃仁白白的，一点皮也不挂了，就惊奇地问：“谁剥得这么干净？”“我！”司马光晃晃脑袋，得意洋洋地回答。姐姐想起他前些日子砸破水缸，救出掉在里面的小朋友的事，就连连称赞说：“好弟弟，你真能干！”司马光听了，心里真比吃了蜜还甜哪！

【神态描写】司马光为了得到大人的夸奖，谎说是自己剥的。

外屋发生的这些事，被坐在里屋的司马光的父亲看得一清二楚。本来他正静静地读书呢，后来听到孩子们的说话声，就放下书本，趁着休息，眼睛隔着窗户不声不响地看了一会儿。看到这时候，他再也坐不住了。他明白：近些天来，司马光听夸奖的话太多，小脑瓜已经有点轻飘飘的了，以致今天有了撒谎的毛病。“咳！”他清了清嗓子，走出外屋，看着司马光的眼睛问：

【心理描写】知子莫若父，父亲知道小孩子为了虚荣，故意撒谎。

“这核桃是你剥的吗？”“嗯……是……不是……”司马光平时很伶俐的口齿，一下子变得“吭哧”起来，小脸也红了。父亲让他把剥核桃仁的真实情况讲给姐姐听了以后，又接着说：“一个人聪明是好事，但更要老实；说谎话，搞欺骗，害别人也害自己，是最傻的。我希望我的儿子做个老实的人！”听到这里，司马光低着的脑袋抬起来了，他说：“我记住了。”声音不大，但很有力。

【神态、语言描写】
情知理亏的司马光面对父亲严厉的眼神，只得否认。

阅读与理解

【名师点拨】

司马光不仅聪明，而且十分勤奋好学。成年后的司马光负责编纂《资治通鉴》，为了高质量地完成这部鸿篇巨制，司马光做了一个圆形枕头，睡觉的时候一翻身脑袋就会从枕头上掉下来，人立刻惊醒，然后投入到工作中。人们称这种枕头为警枕。

【回味思考】

1.司马光是如何剥净核桃的？

2.面对父亲的询问，司马光是如何回答的？

3.这个小故事给你什么启示？

辛弃疾

名师导读

年少的辛弃疾听完岳飞抗金的故事，眼里射出愤怒的光，狠狠地说："这是什么狗皇帝，居然和奸贼一起合伙害死国之栋梁！"

【人物介绍】

辛弃疾能文能武，小小年纪立下为国尽忠的雄心壮志。

辛弃疾的爷爷名叫辛赞。北宋末年，济南沦陷，辛赞没来得及脱身，只好违心地替金朝当了几年官，加之老伴、儿子、儿媳早早去世，留下他和孙子辛弃疾两人，内心十分痛苦。辛赞热爱祖国，痛恨金朝，给辛弃疾留下了深刻印象。辛弃疾从小深沉刚毅，明辨是非，能写一手好文章，练就一身好剑术。他小小年纪就立下了献身祖国，收复中原失地的雄心壮志。

辛赞身在金朝，心在南宋，暗地里串通许多中原豪杰壮士，等待时机反戈一击。一天夜晚，辛弃疾一觉醒来，发现爷爷擦着宝剑，痛苦地低吟："遗民泪尽胡尘里，南望王师又一年！""爷爷，不要难过，等我长大了，这个仇一定要报！""唉，可惜堂堂大宋，就毁在那几个奸臣手里了！""爷爷，究竟是怎么回事，您给我讲讲呀！"辛弃疾恳求爷爷讲下去。爷爷抚摸着孙子的头，犹豫了一阵，终于讲了岳飞被害的故事：

【事件概述】

在爱国将领岳飞的带领下，南宋曾一度收复许多失地。

二十多年前，金兵像野兽一样打下开封抓走宋徽宗和宋钦宗，中原父老宁死不投降，纷纷和金兵拼杀。岳飞等主张奋击金兵收复失地，可是宋王朝听信奸臣秦桧的话，一味投降退让。岳飞等爱国将领率兵与敌军浴血奋战，很快收复了许多失地，给金兵造成很大威胁。在这千钧一发时，奸臣秦桧出来为金兵解围，他骗取宋王朝皇帝的圣旨，一天之内连下十二道金牌，勒令岳飞日行五百里路立即退兵。君命难违呀，收复中原的大业，就这样毁于一旦了。接着，秦桧又连续给岳飞安了许多莫须有的罪名，把岳飞骗到临安投入监狱，杀害了。从此南宋王朝跟金朝订了"盟约"，年年进贡，岁岁称臣，并把大片土地割让给金

朝……

辛赞讲完，老泪纵横，泣不成声。辛弃疾听着听着，眼中射出愤怒的火光。他心想："皇帝，皇帝，这是什么皇帝呀！他不是受了奸臣秦桧的蒙蔽，就是个贪生怕死的废物，说不定他还是秦桧的支持者呢！"夜里，辛弃疾躺在床上怎么也睡不着，岳飞的英雄形象一直在他脑海里出现。窗外一片月光，辛弃疾悄悄穿衣下床，从墙上摘下自己心爱的宝剑，轻轻绕过爷爷的屋子，到庄园后面的林间空地上舞起剑来。辛弃疾舞着剑咬牙发誓说："我辛弃疾不为百姓雪洗国耻，誓不为人！"

【心理描写】

年轻的辛弃疾疾恶如仇，痛恨南宋皇帝的昏庸和无能。

阅读与理解

【名师点拨】

辛弃疾是南宋著名的爱国词人，也是一位能征善战的将军，在抵抗金兵的过程中屡次打败敌人。辛弃疾为后人留下了许多脍炙人口的句子，他的文章也写得很好，特别是政论文，和他的词一样大气磅礴，充满激情。他曾豪迈地说："我要用词骂尽天下的贼，用剑杀尽天下的贼！"

【回味思考】

1.少年辛弃疾受到爷爷哪些影响？

2.听了爷爷讲岳飞的故事，辛弃疾是怎样的心情？

3.你知道辛弃疾有哪些著名的词句？

刘胡兰

名师导读

在我国，刘胡兰的故事家喻户晓，她视死如归的精神令人景仰，值得大家怀念。

1932年10月8日，刘胡兰出生在山西省文水县云周西村一个贫苦农民家里。刘胡兰生下来的时候，为了吉利，家里给她起了一个名字叫富兰子，但是，他们家并没有因为她叫富兰子而富裕起来。

【人物介绍】交代刘胡兰的出生背景与得名。

刘胡兰8岁上村小学，10岁参加儿童团，1942年被选为村儿童团长。学习了一个多月，回村后她担任了村妇女救国会秘书。

1945年8月15日，日本投降了，9月1日文水县城解放。10月，妇女干部吕雪梅奉命在贯家堡举办全县妇女干部训练班。刘胡兰想去，可是家里特别是她奶奶却不同意她去。刘胡兰一宿没睡好觉，前思后想，她下定决心要去参加妇女训练班，学习好了，回村里干革命。天亮了，刘胡兰早早就起来，打扫完院子，又为家里做好了早饭，吃完饭，刘胡兰虽然急着要走，还是耐着性子把锅碗都刷了，又跑到北屋看了看奶奶，才来到贯家堡妇女训练班。有一天，秋高气爽，妇女干部训练班集中在贯家堡打谷场上，只见一个中年农民，推着一架独轮车，车上走下一位老太太，边走边喊："富兰子，我的富兰子在哪儿？"吕雪梅一边叫人去找刘胡兰，一边给老奶奶倒上开水，还张罗着给做饭。吕雪梅陪着刘胡兰的父亲和奶奶一边吃饭一边解释、讲道理。刘胡兰对奶奶说："奶奶从小最疼我，平常我听你的话，这回，参加革命是件大事，说什么也得依我。你总希望我不要离开家，可是，八年抗战，我们吃了多少苦，遭了多少罪，干革命就要下决心。"当奶奶知道刘胡兰学习完，还要回村里工作，这才放下了

【对比描写】刘胡兰积极参加活动，却遭到家人的反对。

【语言描写】从侧面突出了刘胡兰对共产主义的信仰以及对参加革命的决心。

心。又看到训练班的姑娘们出来进去高兴地唱着歌，就拉着吕雪梅的手说：“这回我放心了，富兰子就托付给你们了。”

1946年5月，刘胡兰调任第五区“抗联”妇女干事；6月，刘胡兰被吸收为中共预备党员，并被调回云周西村领导当地的土改运动。1947年1月12日，年仅15岁的刘胡兰，怀着对共产主义的坚定信念，视死如归，从容地躺在敌人的铡刀下，为中国人民的解放事业献出了宝贵的生命。1947年春天，毛泽东同志为她亲笔题词：“生的伟大，死的光荣”。

【概括描写】描写刘胡兰的牺牲经过，让人叹惜。

阅读与理解

【名师点拨】

面对敌人的铡刀，十五岁的刘胡兰视死如归，英勇就义。正是怀着对共产主义的坚定信念，她才做出这样的举动。如今，革命胜利了，我们都过上了幸福的生活，但是，我们不能忘记那些为革命流血牺牲的人，正是有了他们，才有了我们现在的幸福生活。

【回味思考】

1. 毛泽东为刘胡兰题的词是什么？
2. 刘胡兰为什么愿意从容赴死？

华罗庚

名师导读

华罗庚兴冲冲地来找王维克，递给老师一篇论文，脸上是骄傲的表情。王维克一看，居然是一道世界级的数学难题。

华罗庚是我国著名的数学家，他在数学研究上的成就早已蜚声国内外，他的数学天才也为世界科学界惊叹。但是，少年华罗庚却被看做学习马虎、智商不高的差等生。直到初中二年级，这块埋在泥沙中的黄金，才放射出耀眼的光辉。发现这块黄金的，是江苏金坛中学的数学教员王维克。

【事件概述】华罗庚原本是块顽石，但后来变成璞玉。他的经历启示我们，是金子总会放光的。

华罗庚是金坛中学的第一届学生，他所在的第一个班总共只有八个学生，王维克教这个班的代数。这是一位心很细的老师，他教了一两个月的代数后，便发现华罗庚和一般学生不一样：练习本的字很不工整，解的题作了许多涂改，这似乎是个很不用功的学生。可是，王维克老师仔细地研究了华罗庚涂改的地方以后惊奇了，他发现，那些墨团团正是反映了华罗庚在算习题时，是如何渐入佳境的。从此以后，便处处留心观察起华罗庚来。

一天放学后，华罗庚兴冲冲地到家里来找王维克，送给他一篇自己写的论文，论文是油印的，共有两页。王维克一看，竟是数论中一道世界著名的难题《福尔玛最后定理之证明》。

“我已经寄给各个大学请教，也请王先生批评！”华罗庚得意洋洋地对王先生说。他满以为会得到老师的赞许，却没想到受到了批评。

【神态、语言描写】少年华罗庚洋洋得意，自认为会得到老师一番夸奖。

“福尔玛提出的定理要得到最后的证明，不是一件轻而易举的事。”王维克望着华罗庚殷切又严肃地说：“这位法国人数学家死后，人们发现他的一部巨著的扉页上写了许多数学难题。你演算的这道福尔玛最后定理，是17世纪以来许多数学家绞尽

脑汁至今还没有解决的问题。

要是你能如此简单地证明之，岂非奇迹！你的证明所依据的公理似是而非，所以不能成立！”

【神态描写】

华罗庚认识到学术绝非儿戏，必须科学严谨，骄傲情绪是不可取的。

华罗庚全神贯注地听完老师的教导，承认自己错了。

“数学的门类很多，你最好选择其中的一两种而专攻之。掘九井而不得泉，何如掘一井？你的野心不小。失败乃成功之母，如能孜孜不倦地研究下去，将来可望出人头地。”沉吟了一会，王维克又继续鼓励他说：“德国大数学家希尔伯特生前最后一次参加国际数学会议时，也给后人留下了23道数学难题。这些都是一大堆极不容易打开的锁。”讲到这里，王维克的眼睛里含满了期待的目光，对正听得出神的华罗庚说：“我希望你不要急于求成，更不要灰心，要有坚韧不拔的精神，用你的智慧和汗水去铸造钥匙，争取有朝一日把这些锁打开。”

【神态、语言描写】

这是老师对华罗庚的鼓励，也是所有师长对小读者们的期望。

王维克在这次和华罗庚倾心长谈中，见他广为涉猎数学的各个领域，并已很有成绩，就劝他专门深入地攻读数论，从此，华罗庚便和数论结下了不解之缘。

华罗庚在少年时代不肯盲从，不迷信权威，他的勇气、智慧，绝非是偶然的天才闪光，而是勤奋思考、钻研的结果。

【细节描写】 天才从来是勤奋、努力和汗水的结合体，没有人能轻松获得成功。

阅读与理解

【名师点拨】

华罗庚为中国数学的发展作出了杰出的贡献，被誉为“中国现代数学之父”，被列为当今世界88位数学伟人之一。美国著名数学史家贝特曼称：“华罗庚是中国的爱因斯坦，足够成为全世界所有著名科学院的院士”。

【回味思考】

1.当把手稿交给老师，华罗庚的神态说明了什么？

2.华罗庚为什么能在数学界取得巨大的成就？

詹天佑

名师导读

年幼的詹天佑把家里的闹钟搬到偏僻的地方，将它拆解开来，经过一番仔细琢磨，居然将它重新装好。

詹天佑(1861—1919)是我国著名的工程专家，生于广东南海市。他的曾祖和祖父都是经商茶叶的商人，到了父亲詹兴洪时，正遇到鸦片战争爆发，茶行破产了，只靠詹兴洪出来工作维持家庭生活。

詹天佑 8 岁那年进私塾读书，他天资聪慧，求知欲强，可是在这里塾师读的都是四书五经的八股文，老是“之乎者也”、“无地君亲师”一类陈旧腐朽的东西，枯燥无味，束缚儿童身心发展。詹天佑对这一套腻透了，他最感兴趣的是工程，机械等新知识，用泥巴捏火车，做机器，身上老是装着小齿轮，发条，螺丝刀等，一有空就摆弄着玩，小伙伴们都称他是“机器迷。”

【人物介绍】幼年时的詹天佑对机械零件兴趣浓厚。故事启示小读者，成长过程中，兴趣是第一老师。

一天，小天佑对他家的闹钟突然产生了兴趣，他想，这个方方的东西为什么能滴答滴答走个不停？为什么它按时响铃？为什么它能始终那么均匀地走？家里的大人都有事出去了，小天佑决定要打开这个宝贝匣子，看看其中的奥妙。他把闹钟拿到隐藏的地方，把零件一个一个拆开了：这一个零件和那一个零件为什么啮合在一起？那一个零件是什么力量使它摆动起来呢？拆着，思考着，一直到把整个闹钟拆到不能拆为止，一大堆散碎的零件怎么安装呢？詹天佑凭着他那良好的记性，居然一件一件装好了，他也弄清了闹钟的构造与原理。

【排比句】善于思考，勤于思考在学习过程中很重要。

1871 年，清政府派我国第一批学生到美国耶鲁大学。11 岁的詹天佑听到后恳求父亲允许他去参加考试。因为家里穷，正在为詹天佑前途而忧郁的父母一听说是官费便欣然答应了，但是他们又担心詹天佑年龄太小考不上，可詹天佑有信心地说：

“保证马到成功。”考试结果一公布，詹天佑成绩优异，名列前茅，被录取为第一批出国留学的预备生。

1872 年，第一批留洋学生共 30 人登上征程了。詹天佑第一次乘轮船，坐火车，对这些洋玩意儿非常感兴趣，中国人为什么不能制造火车、轮船？他立志要发奋求学，用科学来振兴祖国。

【事件概述】

詹天佑小小年纪就树立远大志向，立志用科技强国。

在美国，为了学好英语，詹天佑住到美国市民家里。第二年他考进了西海尔小学，仅用三年就小学毕业了。两年中学毕业后，他考耶鲁大学土木工程系，专攻铁路工程专业，他发誓一定要让中国也有自己的火车、轮船。在这里，他少年的兴趣得到了充分发挥，加上他刻苦钻研，各门成绩一直名列前茅。

1881 年，詹天佑回到祖国的怀抱，1905—1909 年主张修建我国自建的第一条铁路。在修建的过程中，詹天佑因地制宜运用“人字形”线路，减少工程数量，并采用“竖井施工法”开凿隧道，缩短了工期，在中国铁路史上写下了光辉的一页。

【事件概述】

詹天佑在修建京张铁路时，天才地设计了人字形爬坡铁路。

阅读与理解

【名师点拨】

京张铁路是清政府排除英国、俄国等国的阻挠，委派詹天佑建设的一条铁路。完全由中国人自行设计、施工。这条铁路工程艰巨，但詹天佑采用许多创新施工方法，短短 4 年就完成了所有工作量，提前两年通车，为清政府节省了 200 万两白银。

【回味思考】

1.年幼的詹天佑对什么产生了浓厚的兴趣？

2.詹天佑出国留学的目的是什么？

3.发挥你的想象，说说詹天佑坐在出国轮船上时有什么想法。

栾菊杰

名师导读

从小像男孩子一样“疯”的假小子栾菊杰为什么痴迷于击剑？为了击剑她又付出了什么？

栾菊杰是江苏南京人。

南京地处长江下游，紫金山环绕城郊，石头城屹立西部，自古就有“钟山龙蟠，石城虎踞”之称。南京历史悠久，是中国历史文化名城之一，也是中国七大古都之一。

【概括描述】概括栾菊杰在击剑方面的成就，引起读者兴趣。

栾菊杰17岁开始从事击剑运动。她是摘取世界剑坛皇冠的第一个亚洲人，被誉为“亚洲第一剑”、“天下第一剑”。

栾菊杰从小喜欢和男孩无拘无束地“疯”，凡男孩能做的事，她也能做。她集爽朗、机灵、顽强于一身，身体壮得像小牛。

上小学后，老师发现她爱动，每次都选她参加区里、市里的运动会。跑得多了，颠得多了，衣服、鞋子磨损得快，这对多子女的父母自然是一种额外的“负担”，可是，做父母的从不抱怨她，他们省吃俭用，支付这笔“体育经费”，遇到孩子比赛，还常去临场助威。

1973年，栾菊杰升入南京19中。老师看她两腿修长，身材匀称，脚桥高，脚的跟腱细，认定她是一棵田径苗子，让她专练跳高、长跑，还为她专门缝制了沙袋。就这样，她绑着沙袋每天练跑、跳。她还把沙袋带回家，每天天不亮起床，在门口的小巷里蹲跳。可能是栾菊杰的弓步跳跃很有特色，她又被市羽毛球队教练看中，和洁白的羽毛球打上了交道。每日往返于学校、体育馆、家里，八九里路，无论刮风下雨，她从没叫声苦。

【细节描写】从侧面突出了栾菊杰的刻苦与毅力。

8个月后，市击剑集训队又调栾菊杰入了队。

“击剑，这是什么玩意儿?面罩一戴，像个大头魔鬼!”栾菊杰嘀咕着操起了剑。当她听到剑身相击打的清脆响声，看到两剑相碰时的火花，她的心灵颤动了：“这才是我所应该选的项目呀，勇敢，英武……”从此，她痴迷击剑了。

【细节描写】
栾菊杰对击剑从一无所知到痴迷，为下文作铺垫。

栾菊杰为了培养耐力和身体素质，她练加速跑，变速跑，越野长跑。她的双飞跳绳 1 分钟 126 次，5 分钟耐力跳绳 560 次。南京的夏天，热如火炉，穿上厚厚的击剑服、金属衣训练，栾菊杰起了一身痱子；冬天训练馆里，寒气袭人，栾菊杰手都冻裂了，贴上胶布继续练。每天 600 个弓步训练，她不但全部完成，而且课后还加练三四十分钟。同伴们说：“栾菊杰训练时像头野牛！”

栾菊杰说：“一步登不上高山，登上高山少不了一步。”她懂得积水成渊、积土成山的道理。当明确的目标与脚踏实地的行动紧密结合在一起时，栾菊杰有钟山的灵性和坚韧，有长江奔海的抱负和勇气。

【人物介绍】
通过描写栾菊杰各方面的情况，点明她在击剑上成功的原因。

1984 年 8 月 3 日，是第 23 届洛杉矶奥运会女子花剑决战的日子。当她和其他 7 位女剑客出现在洛杉矶郊外的长滩会议中心决赛场时，这个唯一的东方姑娘吸引了观众的视线。惊叹的美国观众用两个字表达复杂的心情：“奇迹！”后来洛杉矶《中报》使用了这样的标题：“刀光剑影气势如虹，看汉家姑娘争夺天下第一剑！”报道了栾菊杰的夺冠。

阅读与理解

【名师点拨】

就像一句歌词说的一样：没有人能随随便便成功。栾菊杰最后在世界剑坛的成功，与她不辞劳苦的训练与坚韧不拔的毅力是分不开的。为了取得成功，必须吃得起苦中苦，这正是栾菊杰的故事给我们的启示。

【回味思考】

栾菊杰为什么能在击剑上有所建树？

司马迁

名师导读

汉武帝见司马迁居然为降将开脱，大怒，立刻将司马迁关入大牢，对他实行了惨无人道的腐刑，但司马迁仍坚持写完了《史记》。

司马迁的父亲名叫司马谈，是个很有学问的人，但只当了个“太史令”的小官。由于家里穷，司马迁从小在老家龙门乡下种地、放牧。

【细节描写】司马迁勤学好问，游历天下，增长了丰富的知识。

十来岁的时候，他才到了京都长安，开始学习古文。由于他勤奋读书，虚心向一些学者请教，他的知识大增。青年时代，他求知欲强，有远大志向，20多岁时，为了开阔眼界，他游历了安徽、江西、浙江、山东、河南、湖南、四川、云南等省的名山古迹。这些游历，极大地丰富了他的学识。大约30岁时，他才在朝廷里当了个“朗中”，这是侍卫一类的小官儿。

不几年，他的父亲病重，临死前拉着司马迁的手嘱咐说：“我家的祖先在周朝时就当太史。我死后，你要接替我的位置，继承祖先的事业。自从孔子死后，至今四百多年了，没有一部像样的史书。我身为太史，没能做成这事，真是担心天下的史籍文化从此断绝了，你一定要把这事儿搁在心里啊！”

【神态、语言描写】父亲的临终托付，历史的重大使命，司马迁勇挑重担。

司马迁一边痛哭，一边说：“儿子我虽然笨，也一定要把长辈传下来的史实都写下来，绝不敢疏忽。”

司马谈死后第三年，司马迁被任命为太史令。为实现自己的誓言，他开始整理皇家的藏书以及各种文献资料。从那一大堆杂乱的断简残篇里，把一桩桩历史事件理出头绪。有了丰富的史料准备，司马迁就着手写作《史记》。可是，在他48岁那年，巨大的不幸落到了他的身上。那时汉朝和北方的匈奴连年进行着大规模的战争。名将李陵率领着五千步兵深入敌方几千里，同其他部队失掉了联系，被敌人主力八万骑兵包围了。

【事件概述】

李陵是飞将军李广的儿子，和匈奴作战中，因寡不敌众投降匈奴。

【事件概述】

汉武帝听信谗言，认为司马迁为降将开脱。

李陵大战十多天，杀了许多敌人，最后粮尽兵绝，伤亡惨重，被迫投降了匈奴。汉武帝得知这个消息，极不高兴。

一天，武帝把司马迁找了去，问他对李陵这件事的看法。

司马迁很坦率地表示，根据李陵的为人和敌我实力对比的分析，李陵是有功劳的，他的投降一定是万不得已，看来只要有机会，他是会报答汉朝的。

武帝一听就怒不可遏，加上听了奸佞谗言，便认定司马迁赞扬李陵，就是贬低另一个同时出征的将军李广利，而这个李广利，正是武帝很宠爱的李夫人的哥哥。因此，他把司马迁关进了监狱，并且判处“腐刑”(又称“宫刑”)，就是剜掉男子的睾丸。这种刑很残酷，是对人格的极大侮辱。于是，司马迁忍辱接受了腐刑。

司马迁受到这样的打击，精神上的痛苦更甚于肉体上的摧残。但是，继承父亲的遗志，撰写《史记》的崇高理想鼓舞着他，使他顽强地活下去，并勤奋地写作。到50多岁的时候，他终于把巨著《史记》写完了。

阅读与理解

【名师点拨】

文王拘而演《周易》，司马迁受腐刑撰《史记》，这两件事都是对中国文化影响深远的大事，但它们的作者皆是在困境中克服种种险阻，经历常人难以想象的苦难后完成的。

【回味思考】

1.司马迁为什么要撰写一部史书？

2.汉武帝因为什么将司马迁治罪？

3.你知道《史记》么，这是一部什么著作？

徐志摩

名师导读 mingshi daodu

徐志摩不仅喜欢各种小说，还喜爱在大自然里玩耍，感受自然的愉悦和万物生生不息的灵性，探寻自然的神奇莫测。

“轻轻的我走了，正如我轻轻的来；我轻轻的挥手，作别西天的云彩。”大家可能知道，这是徐志摩的诗作《再别康桥》。这位浪漫主义的诗人，小时候接受的却是私塾教育。徐志摩4岁就进了家塾，开始接受启蒙教育。长达7年的私塾生活，学习单调，老师还严厉古板，但是古文学习为他打下了扎实的国文基础。志摩不仅聪明，而且个性活泼，玩起来无拘无束，天马行空。除了上课学习，他醉心于与小伙伴们到东山、西山的寺庙游玩，观看乡间艺人的各种杂耍，变戏法的、算命的、卖唱的，他看得开心极了。

【引用诗句】这样隽秀的诗句给人美的享受，而它的作者正是本文的主角——徐志摩。

11岁时，志摩进了一所洋学堂——开智学堂，开设有国语、数学、英语、音乐、体育等课程。这些丰富有趣的课程，愉快宽松的环境，与志摩活泼好动、自由自在的个性相得益彰。志摩的国文成绩最优秀，他不但文章写得好，而且才思敏捷，行文很快，因此老师常把他的文章当做范文在课堂上朗读。

他写过一篇《论潼关之战》的论文，对唐朝平定安史之乱中的潼关之战有叙有评，写出了一个年仅13岁少年的志气和超乎他年龄的成熟思想。志摩学业出众，各门课程的成绩都是名列前茅，当时杭州一中有个规定，成绩获第一的同学任级长，志摩在一中的五年，年年都是级长。

【细节描写】徐志摩自幼聪颖，更可贵的是勤学不辍，自然名列前茅。

在中学的几年里，志摩对现实社会有了自己的认识，他开始接受进步思想的影响。这期间他对小说产生了浓厚的兴趣，什么社会小说、警世小说、探险小说、滑稽小说，他都读，读起来简直如痴如醉。阅读小说开阔了他的视野，丰富了他对社会多

【动作描写】

徐志摩眼界宽阔，涉猎范围很广，积累了丰富的知识储备。

【解释说明】

上天自然垂青勤奋之人，徐志摩在现代诗领域取得了很高的成就。

方面的认识。除对小说感兴趣外，志摩还对自然科学发生了兴趣，他不仅喜爱在大自然里玩耍，感受自然的愉悦，而且经常在“这沉静的境界中徘徊”，“在凝神地倾听宇宙进行的声息”，探寻自然的神奇莫测。地球、天空、星夜等不可知的宇宙吸引着他，他甚至想飞上天去，“飞出这沉寂的环境”，“去寻访更玄奥的秘密”。

正是由于徐志摩小时候兴趣广泛，文化功底深厚，语文基础扎实，才使他成为著名的浪漫诗人。他的诗作字句清新，韵律和谐，比喻新奇，想象丰富，意境优美，神思飘逸。他的散文也自成一格，取得了不俗的成就。

阅读与理解

【名师点拨】

徐志摩从小就聪颖好学，勤奋刻苦，全面发展，为他日后成为古文字学家、考古学家、诗人等奠定了厚实的基础。他的事迹告诉我们：任何伟大的成功，决不是一蹴而就的，只有善于汲取新知识，不断进取，才能取得更大的成就。

【回味思考】

1.徐志摩是如何丰富自己的知识的？

2.你读过徐志摩的诗集吗？他的现代诗有什么特色？

张 衡

名师导读

张衡出身贫寒，却凭借聪颖的智慧和孜孜不倦地求学态度在天文学史上创下了不朽的功劳。

张衡生在公元78年，正当东汉时期。他的家在当时的荆州南阳郡西鄂县。

张衡的青少年时代生活比较贫困。贫困的生活激发了他刻苦学习的动力。

【细节描写】和众多伟大的人物一样，家境的贫困并没有磨灭科学家的远大志向。

张衡在10多岁的时候就读了很多书，文章也写得很出色，家里的人要他到外面去跑跑，好结交些有权有势的人，找个机会做官。张衡不愿意做官，他只想出去开开眼界，访问一些有学问的老师和朋友，求得一些新鲜的知识。

所以，17岁那年，张衡离开了家，先到了西京长安(现在的西安)，后来又到东京洛阳。

长安和洛阳都是当时最繁华的城市。城里的官僚贵族过着骄奢淫逸的生活，根本想不到天下的老百姓在受冻挨饿。张衡看了，心里很气愤，他不甘心同流合污，官僚贵族召请他，他都拒绝不去。他只在政府办的大学里日夜用功读书，跟一些学者和朋友研究学问。张衡28岁那年，有个叫鲍德的当了南阳太守，想请张衡去当主簿(太守是郡的行政长官，主簿相当于秘书)。张衡也很想回家，便跟鲍德回到了南阳，他劝鲍德减轻对老百姓的剥削，并采取了一些发展农业的措施，所以在别处闹灾荒的年头，南阳境内还能丰收。

【巧用对比】洛阳城里聚集了达官显贵，他们骄奢淫逸，而高尚的张衡根本不屑与这些人为伍。

张衡29岁那年，完成了两篇著名的文学作品——《东京赋》和《西京赋》。这两篇赋描写了洛阳和长安的繁华，也讽刺了那些过着荒淫无耻生活的官僚贵族。张衡写这两篇赋花了10年工夫，前后不知修改了多少次。这种严肃认真的态度，也表现

【解释说明】张衡用两篇赋讽刺了权贵的荒淫无耻的生活。

在他以后的科学研究上。

鲍德后来升了官，离开了南阳。张衡不再跟他走，索性回到老家西鄂去继续研究学问。34岁那年，皇帝派人来召他到京里去做郎中。郎中只是在宫廷里值班当差，比较清闲，还有机会看到许多不常见的书。张衡当了3年郎中，读了不少书，其中有一本扬雄写的《太玄经》，使他受到了很大的启发。扬雄是西汉末年的学者，《太玄经》是其哲学著作，里面谈到了许多天文和数学方面的问题。

【细节描写】张衡被前人的著作吸引，引发了他对科学探索的兴趣。

张衡看了《太玄经》，对天文和数学发生了浓厚的兴趣，开始研究起来。后来，他又被调任太史令，主管观察天象的工作。在担任太史令期间，他精心钻研天文学，对我国天文学的发展，作出了巨大的贡献。

【解释说明】张衡凭借天才的智慧和后天艰辛的探索，在天文学领域取得了丰硕成功。

张衡经常观察日月星辰，探索它们在天空里运行的规律。他把研究的结果写成一本书，叫做《灵宪》。在这本书里，他已经用了赤道、黄道、南极、北极等名词，并记录了2500颗恒星，而且画出了我国第一张完备的星图。张衡已经知道，月亮本身是不发光的，它是受了太阳的照射才反射出光来；月亮的黑暗部分，就是没有照射到太阳光的部分。所以月亮的位置和太阳相对的时候，是满月；月亮运行到跟太阳同一个方向的时候，人们就看不见它了。他还根据太阳在天空里运行的规律，解释了冬天日短夜长、夏天日长夜短的道理。他说天好像鸡蛋壳，包在地的外面；地好像鸡蛋黄，在天的中间。这种假设叫做浑天说。

在张衡以前，多数人都相信“盖天说”，认为地是平的，天像一只碗，反扣在地上。

张衡的浑天说虽然不符合实际情形，但是比盖天说大大前进了一步，并且对计算历法有实用的意义。

【事件概述】张衡不仅善于研究理论，还亲自动手制作科学仪器。

张衡根据他的浑天说，创造了世界上第一架自动的天文仪器——流水转动的浑天仪。他先用竹篾做了一个模型，试验成功了，又用铜铸造了一个。这架仪器也叫天球仪，主要是一个大铜球，上面刻着恒星和南极北极、经度纬度、赤道黄道。铜球装在一个倾斜的轴上，可以旋转，就跟我们今天看到的地球仪差不多。

另外有一个水平的环，叫做地平圈，表示地平线。铜球从东向西旋转，刻在上面的恒星就从东边升到地平圈以上，又向西边落到地平圈以下，正好跟天空里恒星东升西没的情况相符合。

张衡又设法利用水力来转动这个大铜球，使铜球转动一周的速度恰好和地球自转一周的速度相等。根据历史记载，这个“浑天仪”做得非常巧妙：人坐在屋子里看着仪器，就可以知道哪颗星正从东方升起，哪颗星已经到了中天，哪颗星就要落下西方去。跑出屋子一看，天空中的实际情况，正好和浑天仪表示的一样。可惜在封建社会里，创造发明得不到重视，这架精密的自动天文仪器到东晋以后就丢失了，现在北京建国门的观象台上有一架清朝铸造的天球仪，跟张衡所造的大体相仿，但是不能自动。

【动作描写】
浑天仪的精确度令人叹为观止，张衡取得了巨大成功。

太史令除了观察天象外，还要记录各种灾象。为了记录地震，张衡又创造了世界上第一架测定地震方向的仪器——地动仪。这架仪器也是铜铸的，形状像一个酒坛，四周铸着八条龙，

龙头对着东、南、西、北、东南、西南、西北、东北八个方向。龙嘴是活动的，都衔着一颗小铜球。每一个龙头下面，又放了一个张大了嘴的铜蛤蟆。要是哪个方向发生了地震，正对这个方向的龙嘴就会自动的张开来，铜球"当"的一声恰好落在铜蛤蟆的嘴里。

公元 138 年，这个地动仪才造好不久，有一天，正对西方的龙嘴突然张开了，铜球落了下来，说明洛阳的西方发生了地震。可是洛阳的人都没有感觉到，学者和官僚们议论纷纷，有的人还讥笑张衡的地动仪不灵。不几天，陇西(现在甘肃省西南部)有人来报告，说那一天当地发生了地震，大家才赞叹地动仪真是灵敏。

【事件概述】
经过实践证明，地动仪是科学的，是灵敏的。

张衡还创造了世界上第一架观测气象的仪器——候风仪，又叫相风铜鸟。他在五丈高的杆顶上安一只衔着花的铜鸟，可以随着风转，鸟头正对着风来的方向。这架仪器和欧洲装在屋顶上的候风鸟相仿，但是欧洲到了 12 世纪才有候风鸟的记载，比张衡晚了一千多年。张衡曾经说：一个人不应该担心自己的地位不高，应该担心品德不高尚；不应该为了收入少而害羞，应该为知识不广博而害羞。

【警世名言】
张衡的话对于两千多年后的现代人依然有警世意义。

阅读与理解

【名师点拨】

张衡是我国东汉时期伟大的天文学家、数学家、发明家、地理学家、制图学家、文学家、学者，在汉朝官至尚书。他为我国天文学、机械技术、地震学的发展作出了不可磨灭的贡献。伟大的人物和他们的功勋总会受到后人铭记，联合国天文组织曾将太阳系中的 1802 号小行星命名为"张衡星"。

【回味思考】

1.张衡到洛阳后看到了什么？

2.张衡为什么不愿为官？

3.张衡在哪些方面有突出贡献？

李 时 珍

名师导读

幼时的李时珍就对医学产生了浓厚兴趣，他经常亲自外出采药。严谨的科学态度、渊博的知识，为他日后成为一代名医打下了深厚的基础。

公元1518年，李时珍出生于蕲州（今湖北蕲春县）的医学世家。父亲李言闻是当地有名的医生，对医药学颇有研究。

1532年，为了考察入药的植物，李时珍决定外出亲自采集药草。他与师弟庞宪同行寻访各地名医。

【动作描写】为了考察草本药物，李时珍亲自外出采药，刻画了他严谨的科学态度。

有一天，他们骑着驴，进入一条山道，见两旁山谷里长满松树，一个个身如鳞甲，叶似猪鬃，都是生长了几十年几百年的高大老松。他们边走边看，一会儿，李时珍开口说："庞宪，你瞧，这里的松树同刚才见到的不一样，都长得干巴龇裂的。"

庞宪抬头，随口答道："怕都是病松吧！"李时珍摇摇头，说："这不是平常的病松，那树根下面的土为什么都是泡的，我猜那里面有茯苓，我们过去挖起来看看。"

【语言描写】李时珍根据松树的样子就能断定树下有茯苓，表现了他精通医道、博闻广记的人物形象。

李时珍围着树走了两圈，看了看土色，选定了一块地方，指给庞宪看，庞宪就用锄头使劲地挖。

那赶驴的这时从后面赶来，见庞宪力气小，挖得不深，便接过锄头掘了下去。他挖了一会儿，果然挖出一颗有番薯大的褐皮茯苓来。

庞宪高兴地说道："书上说，多年松脂化为茯苓，就是这个吧！"

李时珍看到松林里很多松树都已凋败，便指着这些松树对庞宪说："这里的茯苓都是人种的，你瞧这一片全是。这里一定有种茯苓的人家。"

【语言描写】李时珍再次根据茯苓的样子推断附近有种药人家，刻画了他敏于思考的形象。

他们赶到镇上，寻了一家旅店住下。李时珍便带着庞宪出去寻访。走进了第一家，才问了一句："你们这里的茯苓近来收成还好吗？”那个老人本来是笑脸相迎，可一听他的话便变了脸色，用目光上下打量一番，然后冷冷地说：“那可不知道，我们早就不种这个了。”

【神态、语言描写】老者本来一脸热情，听说李时珍打听茯苓的事，立刻变了态度，表明背后一定有缘由。

李时珍一连问了几家，都是这个情形：大家见他打听茯苓，对他都没有什么好言语。李时珍不知道是什么原因，只得回到旅店。

店家从赶驴人那里知道李时珍是个出来采集药草的医生，见他在药农家里碰了钉子回来，便笑着说：“你要问话，为什么不先说明你是干什么的，他们一定以为你是官府里派下来查茯苓的。”

李时珍忙问什么原因，店家就一五一十地告诉他：这两年，京里的皇帝和大官都兴吃茯苓，说是吃了可以延年益寿，却又不要小的要大的，让各地寻找。这里的官府要药农交大尺寸的，可是，大茯苓哪里随便会有？

【语言描写】原来乡亲们所担心的是官府的稽查。讽刺了权贵欺压百姓的社会现实。

店家说到这里，笑道：“你赶上这个时候去问这个东西，谁还会回答你？现在我去替你说说，就没事了。”

经过店家说明，李时珍再去访问，果然，药农们对他另是一番款待。李时珍要了解的事情，也都一一弄明白了。

阅读与理解

【名师点拨】

李时珍年幼时也想和父亲一样，做个悬壶济世的医生。但医生当时是不受人尊敬的职业，父亲坚决反对。有一次，父亲碰到疑难杂症，一时想不出如何医治，年幼的李时珍说了一个方子，父亲恍然大悟，对小时珍刮目相看，也答应了他学医的要求。李时珍耗尽一生，废寝忘食，呕心沥血终于完成了《本草纲目》这部医学巨著。

【回味思考】

1. 李时珍为什么断言松树下有茯苓？
2. 乡亲们为什么不愿回答关于茯苓的问题？

谢希德

名师导读

“书犹药也，善读之可以医愚。”谢希德从小就对书本和知识无比渴望，才有了日后不菲的成绩。

谢希德出生在福建泉州，从小与祖母相依为命，母亲在她4岁时便重病身亡，父亲去美国留学。

童年时的谢希德渴望学习知识，为此，在福建泉州城内的一所女子小学校内，常常看到瘦弱的谢希德踮起脚尖、趴在窗外窥视教室内姐姐们读书，神情是那么的专注，直到她祖母找来，把她带回家去。

【动作描写】年幼的谢希德对知识充满渴望，为了学习，趴在窗外偷听。

一路上，祖母责怪她不该独自离家上这儿来。“我也要上学念书。”谢希德央求说。“我不知对你讲过多少回了，你年纪太小，还不能上学。”祖母心里有些烦，认为孙女儿太淘气，不听话。

谢希德也不示弱，蛮有理地说：“爸爸不是到国外念书去了吗？念了书可以懂得很多很多。你还告诉我，妈妈患病时还在厦门念书。为什么我不能念书？”

祖母听孙女儿这么说，口气变软了：“好孩子，你当然也要念书的，但得等你再长大一点。你现在岁数太小，学校不能收你入学。”

谢希德的童年生活很寂寞，没有父母的爱抚，然而母亲的好学、父亲的勤奋，使她幼小的心灵有一种追求知识的意识。

【细节描写】寂寞的童年生活没有磨灭掉她对知识的渴求，反而加重了她的好奇心。

谢希德的父亲学成归国，被燕京大学物理系聘为教授，谢希德和祖母也就随之住进了燕园。

在这个学术气氛浓厚的环境里，希德如鱼得水，成为了一名小学生，而且是年年成绩名列前茅、品学兼优的优等生。继母很关心她的学习，每当谈起女儿的少年时代，总爱夸耀说：“别人家的孩子总是要吃要穿，缠着父母要玩具，我家希德除了按时完成作业以外，总是缠着我，要我给她布置作业或教一点东西，她从小对知识的追求就是如此强烈。”

【语言描写】

小希德不喜欢吃穿和玩具，却对书本和知识情有独钟。

父亲的书房是谢希德最爱逗留的地方，书柜里的书是那样地吸引着她，不管看得懂还是看不懂，她都爱翻开来看一看，读一读。时间久了，她的知识越来越丰富，求知的兴趣也越来越浓，父亲的书橱她再熟悉不过了。

有一次她父亲出差在外打来了一份电报，当时电报局没有翻译电报字码的业务，得由收报人自己去译，所以很多家庭都有一本电报明码检字的小册子，以备不时之需。

祖母为找明码焦急万分之时，小小的谢希德却轻而易举地从一大堆书中找了出来，喜得祖母夸奖不已。

转眼，谢希德已步入初中的大门，她在学习上碰到了第一个劲敌——曹天钦。老师对她说：“这次你的第一名恐怕保不住了。”

【人物介绍】

曹天钦在各方面都比谢希德强，后来成为谢希德的终身伴侣。

原来他们俩学习成绩不相上下，但在体育、书法和美术方面曹天钦更胜于她，她只能退居第二名了。

她很钦佩曹天钦学习上的全面发展。这两个一度是学习上竞争对手的人，在20年后结为了终身伴侣。

阅读与理解

【名师点拨】

1947年谢希德赴美国史密斯学院留学，两年后获硕士学位。当新中国成立的喜讯传来，她心情无比激动，下定决心，一旦学业结束立刻回国。以后她又转入麻省理工学院，专攻理论物理。1951年，她获得麻省理工学院博士学位后，积极谋划回国。她冒着风险，通过朋友的帮助，终于在1952年绕道英国回到祖国的怀抱，最终成为新中国著名的物理学家、教育家。

【回味思考】

1.从哪方面可以看出小希德对知识充满渴望？

2.小希德是如何做到成绩优秀，知识丰富的？

郑　和

名师导读

郑和七下西洋，耗时28年之久，不仅向西方宣传了明朝的国力，还大大促进了中国和西方各国政治、经济、文化交流。可以说，这是一次亘古未有的明智之举。

【解释说明】

郑和所到的地方当时并没有命名，中国人统称为西洋，即现在的印度洋西岸。

【事件概述】

郑和船队访问了十几个南太平洋国家后，于两年后返回明朝。

【解释说明】

郑和船队规模空前，表现了明朝时期中国造船技术的发达。

为了向世界展示明朝的繁荣和强盛，永乐三年(1405年)，明成祖派郑和率领庞大的船队首次出使西洋。郑和下西洋所指的西洋就是现在印度洋沿岸及非洲东海岸的广大地区。1405年，郑和率领船队扬帆出海，开始了他七下西洋的伟大历程。船队从太仓浏家港(今太仓市浏河镇)起锚，这里地处浏河与长江交汇处，资源丰富，水陆交通便利。船队每次在浏家港集结出海之前，必到镇上天妃宫进香朝拜，祭祀天妃，祈祷出入平安。宣德六年(1431年)曾刻下“浏家港天妃宫石刻番事迹碑”，因此，此处是郑和下西洋的重要历史遗迹。船队先后访问了占城、爪哇、苏门答腊、南渤里、满剌加、旧港、锡兰和古里等国。经过近两年的远航，郑和于1407年回京复命，圆满完成了使命。

郑和七下西洋，组织了庞大的外交使团，随行人员不尽相同，但每次都不少于27000人。另外还拥有各种航海技术人员、军事保卫人员以及其他杂务人员。船队还配有医官和医士180名，以保障全体人员的健康，这在当时和以后的世界航海史上是绝无仅有的。郑和的舰队每次远航，一般由60多艘大、中宝船组成船队主体，加上其他类型的船只，共有100余艘。郑和的船统称做“宝船”，但以功能与大小则细分为宝船、马船、粮船、座船、战船、大八橹船、二八橹船和六橹船等。其中数目最多的是战船，每船可载将士二三百人。郑和船队是有船名和编号的，如“清和”、“惠康”、“长宁”、“安济”和“清远”等。郑和每次奉诏出使西洋，往返时间一般都是2年至3年。

据不完全统计，28年间郑和和他的船队访问了30余国。每到一个国家和地区，郑和都要颁读大明皇帝的诏书，赏赐礼物，并为当地的人民带去大批的丝绸、瓷器和铜铁器等生产和生活用具，因而受到各国的热情欢迎和款待。中国成功地在印度洋沿岸拓展了政治空间和影响力。亚非各地的土特产如药材、香料和西洋布等，也由郑和的船队带回中国，外国的货品、药物与地理知识以空前的速度输入中国，从而丰富了中国人民的生活。从 1405 年到 1433 年漫长的 28 年间，郑和先后七次率领船队远航，最远曾到达非洲东岸和红海海口，其规模之大、次数之频繁，在世界航海史上是绝无仅有的。郑和七下西洋显示了我国古代航海事业的发达和航海技术的高超，是世界航海史上的壮举。郑和船队的足迹遍布南洋、印度、波斯和非洲东岸等处，开通了中外交通最远的航路，宣扬了明朝的威德。郑和还曾帮助马来西亚建国。此后海外诸国争来明朝朝贡，明朝与郑和所到各国建立了政治、经济和文化联系。

【动作描写】郑和船队所到之处宣读大明皇帝诏书，宣扬中华圣德，受到各国热情接待。

【总结】郑和下西洋在世界历史上有重要意义，大大地促进了中国和西方的交流。

郑和死于第七次下西洋途中(于印度古里国)，享年 62 岁。其遗体未能运回中国，仅将一束头发及衣物运回，葬在长江入海口处——今江宁县。

阅读与理解

【名师点拨】

郑和为什么要屡次下西洋？这是学术界至今仍在争论的话题。一种说法和文章中讲的一样，认为是永乐皇帝好大喜功，到处宣扬国威；一种说法是明朝的第二任皇帝朱允炆逃到了海外，永乐皇帝为了找到并杀死他，派遣郑和四处寻找。令人惋惜的是，后来的文臣认为下西洋耗资巨大，收获不丰，应该停止。后来的皇帝终止了下西洋，为了防止后人再有此想法，愚蠢的文臣们居然将航海日志和造船图纸一把火烧了，致使中国航海技术一下子落后西方数百年。

【回味思考】

郑和船队最远到达哪里？试着在地图上找到这些地方。

苏 武

名师导读

为顾全国家名誉，苏武甘愿被匈奴扣押19年之久，直到头发、胡须花白才被遣送回国。这种为捍卫祖国民族气节、不辱使命的高尚品质，值得我们思考。

苏武，字子卿，杜陵人。他出身一个大将军家庭，很年轻时就被任用为郎中，后来做了管理皇帝御马的中郎将，是我国历史上具有崇高气节的爱国者。

【事件概述】 汉朝经过汉武帝时期，已经打退了匈奴，两国开始和平来往。

那时候，汉朝已打败了匈奴，双方也互派使臣探听对方情况。匈奴和汉朝都曾扣留过双方的使臣。公元前100年，匈奴为了向汉朝表示友好，派人求和，放还了以前扣留的汉使。汉武帝为了答复匈奴的好意，就派中郎将苏武带了使节出使匈奴，也送还汉朝扣留的匈奴使臣。张胜、常惠等一百多人一同随苏武前往匈奴。

苏武在匈奴办完事后，正准备回来，不想发生了意外的事情。匈奴中有个汉朝投降的丁灵王，名叫卫律，他的部下虞常和他不和，就和同苏武一起出使的张胜商量，准备杀掉卫律，劫持单于的母亲回到汉朝，但被人告发了，匈奴单于逮捕了虞常。张胜非常害怕，只得把事情经过告诉苏武。苏武说："事情已经这样了，一定会牵连到我，如被匈奴审讯，国家不是要受到耻辱吗？"他要自杀，被周围的人阻止了。后来，匈奴单于果真审讯了苏武，苏武觉得有辱使命，再次拔刀自杀，身受重伤，经过医治才保住了性命。

【语言描写】 苏武时刻把汉朝的尊严放在首位，表现了他赤诚的爱国心。

匈奴单于非常欣赏苏武的气节，想尽办法劝苏武投降。他下令把苏武关在一个阴暗的地窖中，断绝饮食，企图用饥饿逼迫他投降。苏武饿得实在支持不住了，把旃毛和雪都吃下肚，就是决不投降。单于见几天都没有饿死他，非常惊奇，就把他流放到北海一带牧羊，并对他说："等公羊生了小羊，就放你回去。"

【动作描写】 匈奴单于为了降服苏武，对他进行了各种折磨。

北海一带非常荒凉，粮食不够吃，苏武就捉野鼠和拿草籽充饥。但他始终不忘自己是汉朝使臣，牧羊时总拿着汉朝使节，使节上的旄毛全都脱落了，还是不肯丢弃。后来，匈奴单于又派来已经投降的、苏武早年好友李陵来劝降，苏武还是坚决拒绝了。

【细节描写】 北海即现在的贝加尔湖。苏武忍受了常人难以想象的苦难，誓死不丢气节。

苏武一直被扣留了19年，直到公元前81年，匈奴和汉朝又和好，才放他回国。他壮年出使，这时头发、胡须已经全都白了。当初随他一同出使的一百多人，和他一道回来的只剩下常惠等九人。

苏武回来后，汉昭帝封他为典属国，掌管少数民族事务，以表彰他的功绩。苏武死后，汉宣帝又命人把苏武等人的画像放在皇宫里，让后代人纪念他们。苏武这种威武不屈，困苦不移的崇高气节，成了后代人学习的榜样。他的爱国主义品质永远激励我们，直到永远、永远……

【事件概述】 苏武的壮举震撼了汉朝，他坚贞的爱国心也流芳百世，为后人颂扬。

阅读与理解

【名师点拨】

苏武被囚禁十几年后，原来的单于去世，新的单于继位。新单于哄骗汉朝使者说，苏武早已死了。但汉朝使者到匈奴地区后多方打听，获知苏武仍然健在。使者骗单于说，汉朝皇帝在上林苑射到一只大雁，大雁的脚上系着帛书，是苏武写的！单于信奉神灵，以为这是上天的旨意，只好将苏武等一行九人放回。

【回味思考】

1.苏武是如何卷入政治漩涡，被单于囚禁的？

2.单于为了让苏武归降，使用了哪些非人道的折磨？

3.我们可以从苏武身上读到哪些宝贵品质？

祖冲之

名师导读

祖冲之上奏宋孝武帝要求颁行新的《大明历》，但遭到奸臣戴法兴的强烈反对。祖冲之根据他的知识和经验，义正词言地反驳了戴法兴。

【人物介绍】 祖冲之是我国古代一位杰出的科学家，他最知名的成就是圆周率的计算。

祖冲之出生在公元429年，正当南北朝刘宋王朝时代。祖冲之是个伟大的数学家、天文学家和物理学家，有许多卓越的成就，其中之一就是对圆周率的计算。

圆周率就是圆周的长度和直径长度的比值。这是一个无限不循环小数，也就是说它是个没完没了的小数，各位数字的变化又没有规律。通常在计算的时候，我们把圆周率定为3.1416，这个数字实际上比圆周率稍微大一点。祖冲之在1500年以前就确定，圆周率在3.141 592 6和3.141 592 7之间，比3.141 6精确得多。在他之后的1000年后，阿拉伯有个数学家才打破了这个精确程度的纪录。

【巧用对比】 祖冲之取得了非凡的成就，西方在1000多年后才达到这个精度。

计算圆周率是一件很不容易的事。我们知道，在一个圆里画内接正多边形，计算这个正多边形的总的边长，才可以得到圆周的近似值。正多边形的边数越多，总的边长跟圆周就越是接近。祖冲之必须从圆的内接正六边形开始，先算内接正12边形的边长，再算内接正24边形的边长，再算内接正48边形的边长……边数一倍又一倍地增加，一共要翻11番，直到算出了内接正12288边形的边长，才能得到这样精密的圆周率。

【解释说明】 圆周率的计算看似简单，实则非常繁琐、困难，需要大量而精确的计算。

内接正多边形的边数翻11番，看起来好像简单，其实不然。边数每翻一番，至少要进行7次运算，其中除了加和减，有两次是乘方、两次是开方。

祖冲之算出来的结果有6位小数，估计他在运算的过程中，小数至少要保留12位。加和减还好办，12位小数的乘方，尤其

是开方，运算起来极其麻烦。

祖冲之要是没有熟练的技巧和坚强的毅力，是无法完成这上百次的繁难复杂的运算的。

【细节描写】
任何伟大的成就背后都有艰辛的努力和坚强的毅力，是普通人无法想象的。

在祖冲之以前，已经有人提出圆周率跟 22/7 相近似。祖冲之把 22/7 叫做“疏率”，提出了另一个圆周率的近似值 335/113，作为“密率”，因为它更加精密，跟圆周率更相接近。过了一千年，德国人奥托和荷兰人安托尼兹才先后提出 335/113 这个圆周率的近似值，欧洲人当时不知道祖冲之已经提出过“密率”，

【事件概述】古代中国和西方联系不密切，祖冲之取得的成就并没有带到西方。

在他们写的数学史上，把它叫做“安托尼兹率”。日本数学家主张把 335/113 称为“祖率”，这是十分公允的。

祖冲之的祖父和父亲对天文历法很有研究。祖冲之从小爱好天文历法，经常观测太阳、月亮和星星在天空里运行的情况，并作详细的记录。他发现当时采用的《元嘉历》还有些错误，对日月的方位、行星的出没和冬至、夏至的时间，推算得都不很准确，他编制了一部新的历法，叫做《大明历》，这时候，祖冲之才 33 岁。

【解释说明】祖冲之的《大明历》第一次照顾了岁差，比以前历法更加精准，这在 1500 年前的古代是非常难得的。

《大明历》的成就之一，是第一次照顾到了“岁差”。原来地球每绕太阳一周，冬至点要稍稍后退一点儿，也就是向西移一点儿，这就叫“岁差”。首先发现岁差的是晋朝的天文家虞喜。祖冲之经过仔细的观察和钻研，计算出岁差是每 45 年又 11 个月后退一度(我国古代把周天分为 365 又 4/1 度)。

现在知道，岁差是由地轴摆动产生的，每 71 年又 8 个月后退一度。祖冲之掌握的天文史料还不够丰富，也不够准确，误差是难免的。他把岁差计算到历法中去，是对历法的一次革命。《元嘉历》是每 17 年有 7 个闰月。祖冲之编制的《大明历》，改为 391 年有 144 个闰月，也比《元嘉历》精确得多。

公元 462 年。祖冲之请求宋孝武帝刘骏颁行《大明历》，刘骏有个宠臣叫戴法兴的出来反对。祖冲之根据他渊博的学识和实践经验，批驳了戴法兴的种种刁难。戴法兴最后蛮横地说：“历法是古代传下来的，不能改动。改动了就是亵渎上天、叛祖离道。”

【语言描写】祖冲之不畏权贵，誓死捍卫《大明历》，表现了他坚贞不屈的宝贵品质。

祖冲之毫不畏惧，义正词严地说：“你如果有事实根据，尽管摆出来。空话是吓不倒我的。”戴法兴被驳得理屈词穷。大臣们怕得罪戴法兴，都附和他，只有巢尚之一个人站在祖冲之一边。巢尚之核对了过去几年发生的四次月食，证明用祖冲之的方法来计算，都是准确的；而用戴法兴的办法来计算，出入都很大。他坚决主张采用祖冲之的《大明历》。争论持续了将近两年，宋孝武帝才决定下一年颁行《大明历》，不料他这一年就死了，事情就被搁置起来。

后来朝代也换了，祖冲之也死了。经他的儿子祖暅一再上书请求，直到公元 510 年，梁武帝肖衍才正式颁布采用《大明历》。这时候，祖冲之已经死去 10 年了。

阅读与理解

【名师点拨】

祖冲之父子还曾写过《缀术》五卷，这是一部内容极为精彩的数学书，很受人们重视。唐朝的官办学校要求学员要学《缀术》四年；政府举行数学考试时，也从《缀术》中出题。《缀术》曾经传至朝鲜，但到北宋时这部书就已佚失。

【回味思考】

1.祖冲之在哪方面有杰出的贡献？

2.面对奸臣的阻挠，祖冲之是如何反驳的，这刻画了他怎样的人物性格？

陶弘景

名师导读

汉朝时的药物著作《神农本草经》对草本种类的分法太粗略，医生难以查找药物，陶弘景决定重新编纂一部新的著作。

【人物介绍】陶弘景自幼聪颖，勤学好问，对任何事物都充满兴趣。

公元452年，陶弘景出生于江苏南京附近。他小时候就有一种善问好学的习惯，不管对什么事物，他只要不懂就要打听个明白。

有一种细腰蜂叫蜾蠃，古代传说这种蜂没有雌的，只有雄的。它的后代是螟蛉虫变的，历来都没有人去考察一下它的真伪。

陶弘景对螟蛉变蜾蠃的说法觉得很不可信。为了探索这个疑问，他找到一窝蜾蠃，用竹棍小心地把窝捅开，发现里面确实有螟蛉，也有一条条的小虫。通过几天的观察，证明小虫是吃螟蛉长大的，而且也证明蜾蠃是分雌雄的。这一考察的事实推翻了几百年来蜾蠃没有雌雄的错误结论。

【细节描写】陶弘景认识到无论做任何事都不能盲目相信前辈，必须经过实践检验。

从此，陶弘景得出经验，不管什么事情，不能盲目相信；任何事物，一定要通过实践才可下结论。后来他就是在这种态度下进行科学研究的。

汉朝时，有一部药物书叫《神农本草经》，这部书一共记载了365味药，把所有的药物分成上品、中品和下品三大类。上品无毒，有强身的作用；中品有点毒性，既可治病，又可补养身体；下品有毒，有治疾病的作用。

【细节描写】当意识到前人的医药著作不够详细后，陶弘景立志重新整理。

这种分法显然是太粗略了，而且难以查找药物。陶弘景决心对药物的分类重新下点工夫。

陶弘景独创了一种“诸病通用药的分类法”，就是把药物按病分类。

例如：人得了黄疸病，可在黄疸病一栏里查找药物。这里有茵陈、栀子、紫草、白藓皮等。

这就方便了医生们的工作。这种药物分类法一直沿用了一千多年。

陶弘景对药书的编写方法也进行了大胆地改革。他打破了过去把药物分成上、中、下三品的分类方法。他的新分类法是据药物的属性来划分。如分成玉石、草木、虫鱼、禽兽、果菜、米实和有名未用七大类。同时在每味药下面又注明了药性以及可治疗哪些病症等。

【解释说明】
陶弘景勇于打破传统和常规，独创分类法，极富创新精神。

他经过多年的摸索、实践和刻苦钻研，搜集了365味药物，连同以前《神农本草经》上的药物，一共是730种药物。他写成了一部新药书名叫《神农本草经集注》，对祖国的药物学做出了一大贡献。

在其他科学方面，陶弘景也有不少成就，比如：在化学方面，他指出，水银能和某些金属制成合金；在冶炼方面，他曾记录了一种叫"灌钢法"的冶炼技术，就是将生铁与熟铁混在一起冶炼，炼出来的钢就叫"灌钢"。这在当时是世界上最先进的炼钢法。在天文历法方面，他还制作了观测天象的浑天仪等等。这些成就，与他刻苦学习、博览群书的好学精神分不开。

【细节描写】
除了医药，陶弘景在天文、化学方面也有造诣，这些都是他刻苦学习、博览群书的结果。

陶弘景年轻时做过官，后来到山里去教授徒弟，由于他知识渊博，因而朝廷有事还常向他请教，所以有人称他为"山中宰相"。

阅读与理解

【名师点拨】

陶弘景可谓是难得的全才，他的研究涉猎所有领域，医药、炼丹、天文历算、地理、兵学、铸剑、经学、文学艺术、道教仪典等无所不精，其中对药物学的贡献为最大。

【回味思考】

1.为了证实蜾蠃有雄蜂，陶弘景是如何做的？

2.陶弘景在所有领域都有研究，他是怎样做到的？

扁鹊

名师导读

扁鹊仔细观察虢太子的脸色，贴近鼻子听呼吸，他断定太子只是昏厥过去，若及时医治，定能将太子救活。

【人物介绍】 百姓眼中的神医其实也是普通的医生，只是善于积累经验，掌握了高超的医术。

我国自古以来就在民间流传着许多关于“神医扁鹊”的传说，说他如何能“起死回生”，“妙手回春”。其实，他就是一个普通的民间医生。由于在长期的行医实践中，刻苦钻研，积累了丰富的经验，在医术上才达到了很高的境界。

扁鹊是战国时代的一位名医，中国最早的医学家。一次，他路过虢国，听说太子害急病死了，便去打听得的是什么病，要求看看太子的尸体。虢君早就听说扁鹊是个神医，人反正死了，看看也无妨，于是就把扁鹊请进王宫。

【动作描写】 刻画了扁鹊非常专业，以及专心致志、医者仁心的医生形象。

扁鹊贴近太子鼻子听了听，发现有时断时续的微息。扁鹊诊断出这是昏厥病。于是拿过针来，在太子的头顶和胸部扎了几针，观察了片刻，又在手脚上各扎了几针。太子就慢慢苏醒过来，接着又做了热敷，灌了汤药，便能坐起来了。于是人们传说，扁鹊能把死人救活，他却谦虚地说：“不是我能把死人救活，而是病人没有真死，我只不过帮他战胜了病魔。”后来扁鹊到了齐国，见到了齐桓公，扁鹊看他的脸色不正常，观察了一阵子说：“你皮肤肌肉里有病了，如果不赶紧医治，病就会发展。”齐桓公莫名其妙地说：“我哪里有病？”

【语言描写】 刻画了扁鹊的医术高明和古道热心的形象，外加一点不懂人情世故。

五天后扁鹊又见齐桓公，说：“你的病已入血脉了，不赶快医治，恐怕要严重起来。”齐桓公因没有什么感觉，仍然坚持说自己没有病。

又过了五天，扁鹊再一次去见齐桓公，告诉他他的病已进入肠胃，再拖延不治恐怕就没有法子了。齐桓公仍然不理睬他。

又过了几天，扁鹊最后一次去见齐桓公，刚一见面，就掉头

要走。齐桓公问他为何要走？他回答道：“病在皮肤肌肉里，可用药热敷医治；病在血脉里，可用扎针医治；病在肠胃，用汤药可医治；病进入骨髓，就没有办法了。不走，还有什么话可说？”

过了几天，齐桓公身体先是发烧、发痛，最后终于病倒了。这时他才想起扁鹊的多次劝告，于是就马上派人去请扁鹊，但有什么用呢？扁鹊早就走了。不几天，齐桓公就死去了。

【暗讽】齐桓公讳疾忌医，最终丢了性命。扁鹊唯恐齐桓公加害自己，早逃跑了。

两千多年前，既没有化验工具，又没有诊断仪器，看病全靠“望、闻、问、切”四种诊法，然后再用针刺、熨贴、动手术、服药等各种方法进行治疗。扁鹊诊断准确，治疗稳妥，他的医术四方传颂。所以后来人们就拿“扁鹊再生”一语来形容医生医术的高明。扁鹊是不相信鬼神的，更不相信生病是鬼神作怪，所以他很反对当时社会上的一些巫师，明确提出：“信巫不信医”是六不治之一，说明他同迷信的斗争是不妥协的。有一次，秦武王请他看病，他开了药方，但秦武王不敢吃，因为他听了巫医的挑拨。扁鹊一怒之下甩袖就走，秦武王大怒，派人把扁鹊刺死在回家的路上。

【动作描写】扁鹊医术高超，引来很多庸医嫉妒，最后被巫医陷害致死。

到了汉代，人们将扁鹊的医疗经验和理论整理成《难经》一书，成为我国宝贵的医疗遗产。

阅读与理解

【名师点拨】

扁鹊原名姬越人，后来他应秦王邀请，去秦国行医治病。古人认为扁鹊飞到哪里，就会把安康和快乐带到那里，就把秦越人尊称为扁鹊。扁鹊是中医学的开山鼻祖，世人敬他为神医，他创造了望、闻、问、切的诊断方法，奠定了中医临床诊断和治疗方法的基础。

【回味思考】

1.扁鹊的神医之名是如何传开的？

2.齐桓公面对扁鹊的屡次劝谏，心里是怎么想的？

3.扁鹊是如何被害的？

孔 子

名师导读

齐国害怕孔子在鲁国时间久了，鲁国就会变得强大，于是想方设法离间了孔子和鲁定公的关系，迫使孔子离开。孔子带着弟子们离开鲁国后，周游列国，继续宣讲他的政治主张。

孔子名丘，字仲尼，春秋末期鲁国人。他是我国古代伟大的思想家、政治家、教育家和学者，也是儒家学派的开创人。

【人物介绍】孔子是儒家学派的奠基人，是影响中国2000多年的思想家。

孔子的祖先本是宋国贵族，在宋国战乱中，孔氏家族受到迫害，孔子的曾祖孔防叔逃至鲁国。后来，孔子的父亲叔梁纥做了鲁国陬邑大夫，孔子就出生于此。孔子出生不久，父亲便去世了，家境也越来越贫寒。孔子的母亲姓颜，名徵在，他从小靠母亲抚养长大成人。

孔子从小就爱读书，爱学习礼节，时常模仿大人们祭天祭祖的礼仪。长大后对古代各种礼仪已非常熟悉。大约在他二十六七岁的时候，他做了专管放牧牛羊的叫做“乘田”的小官，又当过管理仓库的小吏。他办事认真，管理又有方法，受到许多人的好评。当时读书应当学的“六艺”，即礼节、音乐、射箭、驾车、书定、计算，他都精通。因此，孔子的名声越来越大，许多人送来子弟向他求教，他就开办了一个私塾，收起学生来。

【细节描写】孔子家境贫寒，但十分喜爱读书，积累了丰富的知识。

孔子为了施展自己的抱负和才能，35岁那年，又来到齐国，齐王齐景公向他询问治国的道理。孔子提出君、臣、父、子都应该按各自的等级和身份做事说话。齐王很想重用他，但齐国的国相不同意。孔子只好回到鲁国教他的学生，推行他的政治主张，他的学生也越来越多。

【细节描写】孔子按照周朝的礼仪，首次提出君臣父子的理论，这是后世三纲五常的基础。

在孔子51岁时，被任命为中都宰，后来又升为掌管司法工作的司寇，还代管过短期的相事。孔子随鲁国国君外出时，严格按诸侯会见的礼仪办事，维护了鲁国的尊严，齐国归还了以前侵占鲁国的土地。齐国害怕了，想办法破坏孔子和鲁国国君的关系，他们给鲁定公送去美女、骏马，鲁定公中计了，整天寻欢作乐，国家政事也不管了，孔子非常气愤，只好带着学生离开鲁国，周游卫、宋、陈、蔡、楚等国，寻找机会再实行他的政治主张。他在外游历了 14 年，但他的用礼乐治国的主张仍然没有人接受。他 68 岁那年回到鲁国，把所有的精力放在教育学生和整理古代文化典籍上。

【事件概述】

诸侯纷争，没有贤明的诸侯重用孔子，他只好埋头做学问。

孔子的一生在政治上是失意的，但他在教育学生和整理古代文献上是成功的。他是我国第一个私人收徒讲学的人，讲学几十年，弟子 3000 人，有名的弟子 72 人。他主张“有教无类”，各阶层的人都可以到他那里学习。他注意“因材施教”、“温故知新”等，他的教学经验今天人们也在使用。他也被后人称为孔圣人，成为“万世师表”。他整理的《诗经》、《尚书》、《礼记》、《乐经》、《周易》、《春秋》被称为“六经”，是以后各朝代读书人必读的著作。孔子的言论主要记载在《论语》中，这部书是他弟子和再传弟子编写的，是古代有名的儒家著作。孔子的思想到汉代，成了以后中国 2000 多年封建社会的正统思想，对后代影响非常大。

【解释说明】

孔子的思想和言论被弟子们收录到《论语》里，这是一部影响深远的著作。

阅读与理解

【名师点拨】

孔子提倡仁政、德政，主张用礼仪教化老百姓，而反对苛捐杂税，苛政峻法。当时的诸侯忙着争霸，孔子的理论听上去不能满足他们立刻富国强兵的愿望，因此在当时不被诸侯重用。

【回味思考】

1. 孔子小时候是如何学习礼仪的？
2. 为什么没有诸侯重用孔子，是他的学问不够么？
3. 你还知道哪些关于孔子的故事或传说？

屈 原

名师导读

楚怀王见屈原很有才华，拜他为司徒大夫。楚国的落后势力忌恨屈原的才学，纷纷在楚怀王面前诋毁屈原。怀王听信谗言，罢黜了屈原，把他流放到汉水一带。

屈原，名平，字原，战国末期楚国丹阳（今湖北秭归）人，我国古代一位伟大的爱国主义诗人，也是一位杰出的政治家和思想家。

他出生在楚国一个贵族家庭，从小就受到良好的教育。他学识渊博，懂得治国的道理，擅长外交辞令。少年屈原就立志要做一个爱国、爱民而又正直的人。

当时的楚国虽是强国，国家土地广阔、经济发达，但政治落后。楚国君王面对楚国内部各种矛盾，不能采取有效的办法改变楚国逐渐衰败的局面。年轻的屈原十分忧虑、苦闷，他决心在政治上有所作为，使国家再强盛起来。

屈原22岁时，从故乡来到楚国都城郢都，经常找机会向楚怀王诉说自己富国强兵的主张，楚怀王发现他很有才华和见解，任命他做了左司徒，对内和楚怀王一起商议国事；对外接待宾客，应酬诸侯，很得怀王的信任。

屈原见楚怀王如此信任自己，也想尽全力实现自己的政治抱负。他建议楚怀王对内要严明法纪，任用贤能的人；对外要联合齐国对付强大的秦国。这些主张得到了楚怀王的支持。他曾出使齐国，和齐国建立了一同抗击秦国的盟约，使秦国不能顺利的进一步扩张领土。但是后来，屈原遭到楚国落后势力的强烈反对，他们在怀王面前说：“屈原每次公布法令后都夸耀自己，说除了他，谁也办不成这么重要的事。”怀王没有主见，听信了坏人的话，开始疏远他，让他改任不重要的负责教育王族的

【人物介绍】

屈原出生贵族，有渊博的知识，擅长治国和外交。

【细节描写】

屈原大公无私，辅佐楚怀王把国家治理得越来越强大，抵抗住秦国向南扩张。

官职三闾大夫。后来，又把他放逐到汉水一带。

屈原被放逐后，楚国被秦国欺骗，断绝了与齐国的联盟，魏国又借机偷袭楚国，楚国与秦国交战，被秦国打得大败而归。怀王吃了苦头，决定重新起用屈原。秦王骗楚怀王到秦国和谈，屈原识破秦国阴谋，劝楚怀王不要上当，不能到秦国去。怀王不听，到秦国后，怀王被关押起来，后来竟死在秦国。怀王的儿子楚顷襄王继位，听信令尹子兰、靳尚等人的挑拨，把屈原放逐到江南更远更偏僻的地方。公元前 278 年，秦国大将白起攻破楚国的郢都，屈原极为悲痛，在这一年旧历五月初五，投汨罗江而死。当地百姓纷纷在江上打捞他的尸体，但没

【动作描写】

楚怀王不听屈原劝阻，相信了言而无信的秦国，最后客死他乡。

【动作描写】

百姓们找不到屈原的遗体，纷纷往江里倒米，希望鱼儿不要伤害屈原。刻画了屈原深受人民爱戴的形象。

有找到。为了不让鱼吃掉屈原，人们就把竹筒里的米撒到江里。

后来，五月初五就成了端午节，人们用米包成粽子，投到江里，纪念这位伟大的爱国者。

屈原在长期的流放生活中非常孤独、苦闷，忧国忧民，写了许多优秀的诗篇，如《离骚》、《九歌》、《天问》等。他用诗歌抒发他对祖国无限的热爱。他的诗歌用楚国方言写成，被后人称为“楚辞”，在中国的诗歌史上有着极其重要的地位。

【解释说明】

屈原死了，但他留下了许多脍炙人口的诗篇，影响了后世。

阅读与理解

【名师点拨】

屈原是中国最早的浪漫主义诗人，也是中国文学史上第一位留下姓名的伟大的爱国诗人。他的出现，标志着中国诗歌进入了一个由集体歌唱到个人独唱的新时代。屈原的艺术成就只有千年后的李白能比得上。

【回味思考】

1.屈原是如何恪尽职守，辅佐楚怀王的？

2.屈原是怎么死的？他的悲剧说明了什么？

3.屈原和他创作的诗歌在中国文学史上有哪些重要意义？

郎 平

名师导读

从成为一名排球运动员的第一天起，郎平就激励自己：一定要把排球练好，一定要夺得世界冠军。

1960年12月10日，郎平出生于北京。刚上小学的时候，她和别的孩子并没有什么两样。可是没过多久，大家发现，这个小女孩长得特别快，刚穿上的新裤子用不了多少天就短了。那时，要再做一条长一点的新裤子是不可能的。于是妈妈就找来一块碎布，把裤脚接上一节。可是过不了多久，裤子又短了，只得再接上一节。1974年小学毕业时，郎平的个子已经长到了1.72米，比许多男同学还要高。由于她身材高大，没有费多大的劲儿便进了业余体校。她性格温和，老实懂事，老师也特别喜爱这个学生。

【人物描写】郎平虽然体格高大，但性格温顺，很懂事。

1974年，郎平考进了北京朝阳中学。她比同学们几乎高出一头，特别引人注目，所以很快就进了学校的篮球队。校排球队的指导老师孟晋华看中了她。孟老师发现郎平的手臂和腿特别长，弹跳力很强，认为她要是改打排球一定会大有前途。

一天，孟老师找到她："郎平，你愿不愿意打排球？"郎平当时的兴趣十分广泛。她想，学学打排球也好，一口答应了。就这样，她又进了学校排球队，开始投入到艰苦的训练当中。或许是郎平和排球有缘吧，父亲曾带她去北京体育馆看了一场国际排球赛，运动员精彩的表演把她吸引住了。她惊喜地发现，平日上体育课时托不了几下的排球，在运动员们手里，特别听话，你推我接，可以往来十几个回合。重重的一扣，几乎把球击在地上，可是运动员们就像海底捞月一样，一个鱼跃就把球垫起来了。她欣赏排球的艺术性。现在既然自己成了排球队员，那就一定要把球练好，成为一个真正的运动员。

【事件概述】郎平一下子就爱上了排球，并和这项运动结下了不解之缘。

从此，除了上课以外，郎平把时间都花在排球上了。发球、垫球、接球、扣球、双手封网、扑身鱼跃……她迷上了排球。为了锻炼身体，她每天天刚亮就起床练习跑步，然后在楼梯上跑上跑下，即使病了，仍坚持锻炼。与其他女同学不同的是，练习垫球时，她专门请男同学陪练。他们扣出的球又快又狠，她身上常常被球砸出一道道的血印，青一块，紫一块，但她一声也不吭。慢慢的男同学扣下的重球她也能接了。她还学着男同学的样子，高高地跳起来，然后挥动拳头，狠狠地扣球。她扣下的球，不但女同学接不住，甚至连男同学也接不住了。

【动作描写】任何非凡的成就和熟练的技艺都不是天生的，是个人奋斗、努力的结果。

这年5月，北京市朝阳区举行中学排球联赛，孟老师带领她们这支建队才两个月的初一女排队参赛，一举得了个亚军。这其中，靠的就是郎平和队友们的重扣，这些重扣好比一枚枚重磅炸弹，打得对手嗷嗷直叫。于是，她们就给朝阳中学女队起了个外号叫“朝阳大炮”。

【动作描写】郎平的刻苦训练终有回报，练就了让对手望而生畏的重扣技艺。

阅读与理解

【名师点拨】

正是以郎平为首的女排队伍创造了中国体育史无前例的五连冠，连续夺得世界杯、世界锦标赛和奥运会5次世界冠军，成为世界排球史上第一支连续5次夺冠的队伍。

【回味思考】

1.郎平是如何被教练相中练排球的？

2.郎平的扣杀技艺是与生俱来的么？她的经历启示我们什么道理？

戚继光

名师导读

倭寇大举入侵福建，戚继光临危受命，南下进剿。在横屿岛，戚继光命每人背一捆稻草，在退潮时奔袭横屿，斩杀2600余人。

明朝末年，倭寇（日本海盗）对我国东南沿海不断侵犯。明朝多次派人进行征剿都没有结果。

1555年，戚继光从山东调到浙江抗倭。他到浙江后看到各卫所官骄兵懈，纪律松懈，训练废弛，难以应付倭寇袭扰，便亲自到当时民风剽悍的金华、义乌等地招募强壮的农民和矿工三千余人组成新军，按身材高矮发给长短不同的兵器，教以不同的击刺法。他以“岳家军”为榜样，做到军纪严明，赏罚分明。他还根据南方多山地沼泽、道路曲折狭窄、兵力不易展开的地形特点，并针对倭寇常使用短刀等兵器的情况，将士兵编成12人的小队，使用枪、盾、叉、棍、刀等不同的兵器，互相配合作战，名叫“鸳鸯阵”。部队所用战舰、火器、兵械都精益求精。这支经过严格训练的新军，纪律好，武艺精，还有一套切实可行的战术，在同倭寇的作战中，屡打胜仗，成为闻名天下的“戚家军”。

【细节描写】 戚继光见原来的官兵不足以对抗倭寇，就亲自选兵，并亲自调教。

【解释说明】 兵不在多而在精。经戚继光训练过的士兵，成长为名震天下的常胜军。

1561年，倭寇几千人袭击浙江台州、桃渚、圻头等地，戚继光率部队在人民群众的配合支持下，先后九战九捷，歼灭大量倭寇，取得了决定性的胜利。

第二年，倭寇大举入侵福建。戚继光奉命南下进剿。他得悉倭寇在福律沿海有三个大的巢穴，便由北向南逐个清剿。最北面的横屿是宁德东面海中一小岛。戚继光命令官兵每人拿一捆稻草，在退潮时奔袭横屿，将稻草填至水深处，直捣老巢，斩2600人，并乘胜追击，又连续捣毁倭寇在牛田（今福建福清南）和林墩（今福建莆田南）的巢穴。随后班师返浙。

不久，倭寇又包围兴化（今福建莆田），并派小卒化装成官府的送信人混入城中，里应外合，将城攻陷，焚掠一空后盘踞在平海卫(今福建莆田东南)不去。戚继光再次奉命率部进入福建。戚继光攻下横屿，又乘胜攻下牛田，捣毁倭寇巢穴。倭寇逃向兴化，戚继光乘胜追击，连夜作战，斩敌无数。戚家军进入兴化城，受到了人民的热烈欢迎。之后戚继光又在福宁大败倭寇，并与俞大猷一起最后扫清了福建境内的倭寇。

【动作描写】
戚继光乘胜追击，兵锋所指，倭寇悉数败逃。

戚继光一生南征北战、保卫国土。他依靠人民的力量，在抗倭斗争中屡建战功，终于取得了抗倭斗争的胜利。

阅读与理解

【名师点拨】

有史学家指出戚继光也有污点，他巴结权贵，秘密纳妾，崇尚迷信，他还用重金购买女子送给当朝首辅张居正。但瑕不掩瑜，戚继光的功绩和爱国精神足以证明他是位民族英雄。

【回味思考】

1.戚继光是如何训练戚家军的？

2.戚继光为什么会被称为“民族英雄”？

3.你还知道哪些关于戚继光抗倭的故事？

黄道婆

名师导读

黄道婆乘坐渔船漂洋过海来到海南崖州，这里的黎族妇女都会纺纱织布，她十分羡慕黎族妇女的织布技艺。

在上海县华泾镇一带，至今还流传着这样一首歌谣："黄婆婆，黄婆婆，教我纺纱教织布，两只筒子两匹布。"黄婆婆就是黄道婆，她是我国古代纺织技术的革新家。

黄道婆是一个平凡的劳动妇女，出生在松江乌泥泾镇(就是现在的上海县华泾镇)的一个贫苦农民家里。很小的时候，就被卖给人家做了童养媳。公婆和丈夫对她很不好，经常打骂她，有一天，她在地里干了一整天活，天黑才回家，她累极了，想稍微歇一下再做晚饭。公婆就说她偷懒，恶毒地骂她。丈夫还把她毒打一顿，锁入柴房里。这样的日子实在没法再过下去了，当晚，她在墙上挖了个洞跑了出来，偷偷地溜进一条就要出海的渔船，躲在船舱底下随船一起逃到了海南岛南部的崖州。

【细节描写】少时的黄道婆受尽婆家的虐待，吃了很多苦，也养成了勤劳善良的性格。

崖州是黎族人民居住的地方，这里的棉纺织业比内地发达得多，岛上的黎族妇女都会纺纱织布，她们织的彩色床单经常远销到内地，受到人们的喜爱。黄道婆在家乡也学过纺纱织布。在家乡，棉籽是用手剥的，又慢又麻烦；弹棉花用"线弦竹弧"做的小弓，不仅操作费劲，弹出来的棉花也不够松软。她看到黎族妇女的纺织技术比家乡要先进得多，纺织工具也很巧妙，织出来的布又细又匀，心里很羡慕，便决心学会黎族人纺纱织布的技术。

【心理描写】好学的黄道婆被黎族妇女的织布技艺吸引，决心学会技术并传给家乡。

黎族人民非常善良，他们热情地帮助黄道婆克服生活上的困难，并耐心地教她织布。黄道婆心灵手巧，虚心认真，很快就学会了。她把黎族和家乡的纺织技术融合起来，在辛勤劳动中改革纺织技术，慢慢成了一名纺织能手。

【事件概述】
随着时间的推移，黄道婆学会了黎族织技，携带工具回到家乡。

很多年以后，黄道婆老了，成了一个老太婆，她非常想念家乡，便带着踏车、椎、弓等棉纺工具回到家乡，靠织布为生。

黄道婆耐心地向乡亲们传授先进的纺织技术，并结合当地的传统技术，改造出新棉纺工具。她的革新主要有4个方面：在轧棉籽技术上，她先推广黎族经验，教人们用铁杖擀棉去籽，后又创制出轧籽的搅车；在弹花技术上，她把黎族的绳弦大竹弓介绍给大家，棉花弹得又快又好；在纺纱技术上，她把一锭一线的手摇式纺车改造成两锭线的脚踏式纺车，生产效率提高了几倍；在织布技术上，她结合传统方法采用“错纱配色”和“综线挈花”等先进技术，织出来的布精美漂亮。

【事件概述】
黄道婆无私地教授乡亲们织布，内地织布技艺大大提高。

乌泥泾的妇女在黄道婆的指导下，纺织技术大大提高，她们织的“乌泥泾被”驰名全国。乌泥泾一带靠棉纺织为生的千百户人家都增加了收入。很快地，黄道婆传授的纺织技术传到上海、苏杭等地，使这些地方的纺织业驰名全国。当地人民非常感激黄道婆，她去世以后，人们在乌泥泾镇为她修了一座祠堂，叫“先棉祠”，来纪念她改革棉纺业的功绩。

阅读与理解

【名师点拨】

黄道婆开创了许多先进的织布技艺，江浙一带的纺织品远销各地，很受欢迎，淞江一带成为全国的棉织业中心，历几百年而不衰。16世纪初，当地农民织出的布，一天就有上万匹。18世纪乃至19世纪，淞江布更远销欧美，获得了很高声誉。当时称淞江布匹“衣被天下”，这伟大的成就当然也凝聚了黄道婆的大量心血。

【回味思考】

1.年幼的黄道婆为什么要逃离婆家？她辗转到了哪里？

2.黄道婆作出了哪些伟大的成就？

郑成功

名师导读

郑成功命令船队将荷兰侵略者的炮舰团团围住，千炮齐发，敌舰中炮沉没，剩下的几艘战舰掉头就跑。

郑芝龙是明朝旧臣，清兵进关攻入福建，派人向他劝降。郑芝龙贪图富贵，向清朝投降了。可是他有个儿子性格很倔强，誓死不向清朝投降，他就是郑成功。他的弟弟跑来说："你如果不向清朝投降，只怕父亲的性命难保！"郑成功宁愿与父亲断绝关系，也坚决不动摇。清朝政府只好全力对付郑成功。郑成功和抗清将领张煌言联合起来打击清军，但是在一次战役中，误中敌人计谋，打了败仗，只好退到厦门。

【语言描写】郑成功宁愿和父亲断绝关系，也绝不向清廷投降，刻画了他刚强坚毅的性格。

清军拿郑成功没办法，便改用封锁计策，要福建、广东沿海老百姓后撤40里，断绝对郑军的供应，想困死郑成功。郑成功决定向台湾发展。

台湾自古以来就是中国神圣的领土，但是明朝政府腐败无能，竟然被欧洲的荷兰人占领了。他们不断地向台湾人民征收繁重的苛捐杂税，老百姓不断地起义反抗，却遭到残酷镇压。

【事件概述】台湾原本有大明水师，但朝廷腐败不堪，不能保护百姓。

郑成功少年时就曾随父亲到过台湾，亲眼目睹老百姓受的苦难，他下决心一定收复台湾。有个爱国人士何廷斌曾经到荷兰军队里当过翻译，他赶到厦门，愿为收复台湾助一臂之力。郑成功非常高兴，有了何廷斌的帮助，他收复台湾就容易得多了。

公元1661年，郑成功带领大部队浩浩荡荡地从金门出发，越过台湾海峡，准备直取台湾。有些将士听说荷兰人有西洋大炮，都感到害怕。郑成功不断地鼓励将士们，给他们打气。大伙儿看到郑成功有必胜的决心，都表示要拼死战斗。

荷兰侵略者一听中国军队开来了，惊慌得要命。他们把部队集中在台南和赤嵌两座城堡里做好准备，还在港口凿沉许多船只，心想：郑成功的船队一来，肯定会触礁，这下可有好戏看喽！

没想到郑成功绝顶聪明，趁海水涨潮的时候，一直驶进鹿耳门，登上了台湾岛。台湾人民听说郑成功来了，别提多高兴了，纷纷拿着自家最好的东西来迎接亲人。躲在城堡里的荷兰侵略者一看气坏了，立即派士兵冲出来。郑成功一声令下，全体将士们一起动手，一个敌将被杀死，其余的都灰溜溜地逃进城堡里去了。

【动作描写】

郑成功首战告捷，一举击败荷兰侵略者，刻画了他能征善战的骁勇形象。

荷兰侵略者一不做二不休，调动一艘最大的军舰向郑成功的船队驶来。水战是郑成功的拿手本事，他命令船队团团围住荷兰侵略者的舰艇，一齐发炮，一艘敌舰中了炮，一下燃烧起来，过了一会儿就沉没了，另外的敌舰一看不妙，吓得掉头就跑。荷兰侵略者心想：你打吧！我缩在城堡里不出来了，看你能把我怎么样！郑成功可机灵着呢！他想：我在高地，你在低处，水是从我这儿流下去的，我切断水源，你们还不乖乖地向我投降吗？这样一来，荷兰侵略者果真没办法了，只好垂头丧气地出来投降了。但是这帮家伙还是不甘心，想等待救兵。郑成功就围困他们整整 8 个月，然后向所有的侵略者发起猛攻，荷兰侵略者实在没办法啦，只好灰溜溜地离开了台湾。

【心理描写】

郑成功看穿了荷兰人的诡计，针锋相对，困死守军。

郑成功收复了中国神圣的领土，成为杰出的民族英雄。

阅读与理解

【名师点拨】

郑成功仅仅凭借收复台湾就被中国人奉为民族英雄，由此可见中国维护领土完整的坚强决心。若是没有郑成功，台湾省现在已经属于西洋人了，成为侵略中国的跳板。

【回味思考】

1.面对清廷的劝降，郑成功是如何拒绝的？

2.郑成功是如何收复台湾的？

刘伯承

名师导读

德国医生不相信有人能不用麻醉药而手术，尤其是离脑部这么近的地方。当看到刘伯承一声不吭地坚持下来，不由竖起大拇指赞叹道："你真是一块会说话的钢板。"

公元1916年，刘伯承率领川东护国军同袁世凯军作战时，不幸颅顶和右眼负了重伤。当一位德国医生为他做手术时，他坚持不使用麻醉药。医生用手术刀将他的右眼球摘除，再把他眼眶里的腐肉一刀一刀挖去，他忍着剧烈疼痛，没有发出一声呻吟。手术后，这位德国医生跷起大拇指对别人说："他不是军人，而是军神。"

【动作描写】手术惊心动魄，被德国医生称赞为军神、会说话的钢板。

1926年，他加入中国共产党。同年，他发动泸(州)顺(庆)起义，策应北伐战争，任国民革命军暂编第十五军军长。

1927年，他参加南昌起义的指挥工作，任起义军参谋长。

1932年底，他担任中共中央军委总参谋长，参与指挥了反"围剿"战斗。

在红军长征途中，刘伯承指挥部队突破乌江，占领遵义，巧渡金沙江。然后，他又率领红军先遣队为红军主力开路。在大凉山，他与彝民首领小叶丹歃血为盟，使部队顺利地通过了彝民区。

在抗日战争时期，刘伯承任八路军一二九师师长，率部渡过黄河，积极主动地打击日寇。他曾指挥袭击日军阳明堡机场，烧毁敌机24架，还率部参加过"百团大战"。参加大小战斗500余次。他和邓小平等建立了晋冀鲁豫抗日根据地。

1942年，朱德总司令在祝贺刘伯承50寿辰的诗中写道，"戎马生涯五十年，凭歼日寇镇幽燕。将军猿臂依然健，还我山河任仔肩。"

【引用诗句】引用朱德的诗句赞誉了征战半生的刘伯承，刻画了他们同志加兄弟般的友情。

在解放战争时期，刘伯承与邓小平于1947年指挥晋冀鲁豫野战军(后改为中国人民解放军第二野战军)强渡黄河，在鲁西南大败国民党军，千里跃进大别山，像钢刀一样插入了国民党统治区的心脏。

【比喻修辞】刘邓大军率领的第二野战军像一把钢刀插在国民党统治区，为解放全国作出了突出贡献。

1948年1月，刘伯承和邓小平等组织发动淮海战役，获得巨大胜利。1949年4月，他又参与发动渡江战役，将红旗插上南京国民党总统府。刘伯承成为南京市首任市长。

中华人民共和国成立后，刘伯承历任中国人民解放军军事学院院长、国防委员会副主席、全国人民代表大会常委会副委员长、中共中央军事委员会副主席等职。1955年，他被授予元帅军衔。他具有杰出的指挥艺术和作战谋略，为创建新中国立下不朽的功勋，为人民解放军建设作出了重大贡献。

【总结】高度概括了刘伯承元帅战斗的一生、奋斗的一生。

阅读与理解

【名师点拨】

德国医生做手术前，强烈要求刘伯承使用麻药，因为根本没有人能挺过剧痛。但刘伯承笑着说："我的国家需要一颗清醒的头脑。"因为刘伯承担心麻醉药可能会伤及脑部神经，所以坚决不用麻醉药。德国医生被刘伯承的坚强意志感动，称赞他为"会说话的钢板"。

【回味思考】

1.德国医生是如何称赞刘伯承元帅的意志的？

2.刘伯承在抗日战争、解放战争中立下哪些卓越功勋？

3.你还知道哪些关于刘伯承元帅的故事？

马 钧

名师导读

马钧仔细观察了织机后认为一定有办法简化机械，提高效率。他将五个踏板合成一个，调整了其他小部件。果然，改进的织机效率立刻提高了十几倍。

三国魏明帝时，陕西扶风有一个叫马钧的人。

马钧少年时代生活很困苦，没有钱读书，但他具有苦干实干的精神，善于深入钻研，刻苦自学，经过长期的实际锻炼以后，终于成为了当时“巧思绝世”的机械制造家。

【人物介绍】

马钧出身贫寒，没钱上学，但有一颗永不放弃的上进心。

当时在纺织业上，用的是一种织绫机，外形笨重，操作吃力，效率也很低，织一匹绫子，要几十天的时间。

很多人早就想改进一下，但谁也想不出个门道。马钧研究了织绫机，并下决心要改进它。

绫是一种提花的丝织品。为了提花要把经线分成六十综，每一个综必须用一个踏板操纵。

马钧详细观察了织机后想：“踏板这么多，织起来一定手忙脚乱，能不能把这些踏板合并一下简化手续呢？”接着，他便动手改进织绫机。

【心理描写】

马钧没有太多豪言壮语，只是一门心思地投入实践，改进机器。

他把五个踏板合成一个，又相应地调整了个别部件，操作时果然见效，而且方便省力，比旧的织绫机效率提高了 12 倍。

新织绫机的问世，不但使绫的日产量大大增加，而且为后来的发明家对织布机的改进打下了基础。

马钧在农业生产上贡献也很大。洛阳城有一片坡地，因那里地势较高，无法引水灌溉，所以长年都是荒芜着。

马钧下决心要把这片荒地变成良田，不但叫它长庄稼，还要叫它长蔬菜。

马钧想：为什么不能造一种工具把坡下的水提上来？马钧

亲自动手做了一个提水车模型,许多人听说以后,都跑来鼓励他。

不久,一架提水的翻车制造出来了。试车提水时,人们欢呼马钧的成功,一年后,坡地变得一片葱绿了。

马钧不但发明、创造生产工具,还研究兵器的制造。那时魏国和蜀国经常打仗,蜀国的诸葛亮创造了一种发射武器,叫连弩,这种武器可连续发射很多支箭,威力较大。

【语言描写】
马钧一看诸葛连弩就能发现其缺点,并能改进,刻画了他精于机械,善于思考的形象。

当魏国的军队抵抗不了时,就找来了马钧。马钧亲自到战场上看了一下,回来说:"诸葛亮的连弩,巧是够巧的,但还有不足之处,如果改进一下,威力能提高五倍。"

马钧根据连弩的道理,马上创造了一种攻城用的转轮式发石机,这种发石机能让连续发射的石块像冰雹一样地飞向敌人的阵地或城楼上,使敌人根本无法招架。

有一次，有人给魏明帝献演一套木偶戏，魏明帝看后叫马钧发明一种办法让木偶自己来表演。

马钧琢磨了几天后，为木偶戏设计了一套灵巧机关，他在一个小戏台下面安装了一个原动轮，让水力来推动。

当水力推动轮子一旋转，就会把戏台上所有的木偶都带动得活动起来。有的打鼓，有的吹箫，还有的舞剑，十分热闹，人们叫这套木偶戏为“水转百戏”。

马钧所生活的那个时代，贵族官僚看不起科学技术，所以他的全部才智是得不到重视的。

但他改革的织绫机、发明的翻车等等，却受到了劳动人民的欢迎，所以人们送了他一个“天下至巧”的称号。

【解释说明】

和黄道婆、张衡一样，有一技之长的人在封建中国不被重视，但历史和人民却会永远铭记这些伟大的人物。

阅读与理解

【名师点拨】

马钧自幼贫困，但贫寒的家境并没有磨灭他追求科技的恒心。马钧口吃，在当时不被士大夫重视，但他丝毫不以为然，每天沉浸在摆弄机械上。除了文中记载的这些发明，他还创造了发石机、指南车等，很多机械极大地提高了农业生产。

【回味思考】

1.马钧是如何在机械制造领域不懈地探索的？

2.马钧发明了哪些机械装置？

彭德怀

名师导读

“捕山狗”凶狠地来抢孩子们的柴，彭德怀气不过，横握扁担，怒目圆睁，勇敢地挡在小伙伴们的前面。

【细节描写】听了太平天国的故事，少年彭德怀心血澎湃，立志推翻剥削的政治制度。

年幼的彭德怀，思想深受伯祖父的影响。伯祖父曾经参加过太平天国革命军，常给彭德怀讲太平天国的故事。什么有饭大家吃啦，土地应该平均分配啦，等等。彭德怀打心眼里佩服太平军，在他幼小的心灵中播下了反抗剥削阶级的种子。

少年彭德怀经常见义勇为，帮助一同砍柴的小伙伴，并鼓励小伙伴们同欺负穷人的地主老财斗，不向恶势力低头。

在彭德怀经常去砍柴的山上，有一个替地主守山的狗腿子，他总爱与穷人作对。他看谁不顺眼，轻则没收柴火和柴刀，重则用棒打人。穷孩子们都恨死他，把他叫“捕山狗”。有一次，彭德怀与小伙伴们正在山上砍柴，被“捕山狗”撞上了。他气势汹汹地挥舞着棍子喊：“你们好大的胆，敢砍我东家的柴，真是瞎了眼！”

【语言描写】彭德怀据理力争，不怕恶势力，刻画了他不畏强暴的个性。

一些胆小的穷孩子一听到“捕山狗”的声音吓得就要跑。彭德怀大声说：“大家不要走，怕什么，我们手里也有扁担。”

小伙伴们在彭德怀的鼓励和率领下，手拿扁担上前与“捕山狗”评理。

“你们东家有田有地，连山也要霸占，还让不让我们穷人活！”

“小兔崽子，你们是死是活关我屁事。把柴放下，滚下山去，否则打断你们的腿！”“捕山狗”蛮不讲理地边骂边伸手来抢孩子们刚砍好的柴。

彭德怀气愤地手握扁担，勇敢冲上前去，挡住“捕山狗”，毫无惧色地大声说：“不准动我们的柴！”

“捕山狗”气急败坏，不由分说举棍就打彭德怀。彭德怀灵机一动，抓住棍子，顺势一推，那个坏蛋没有提防，叽里咕噜地号叫着滚下了山坡。小伙伴们开心地拍着手又笑又跳，巴不得摔死这个大坏蛋才好哩！

【动作描写】
彭德怀智勇双全，轻易地打败了坏人，狗腿子出尽洋相。

在彭家围子有一户大地主，地主有个儿子叫莫仕东。他仗着老子有钱有势，在当地横行霸道，常常骑着马在人群中横冲直撞，吓得大人躲，孩子叫，撞伤了人还厚颜无耻地叫：“撞死活该！”当地乡民对他恨之入骨。彭德怀把小伙伴叫到一起商量，决定教训一下这个无赖。

一天，彭德怀与小伙伴们打听到莫仕东又要骑马出来耍威风了。他和小伙伴们找来一根大绳子，拴在路两旁的树上，用草和树叶把绳子掩盖好，然后没事儿似地在路边玩耍。地主儿子莫仕东骑马过来时，看见一帮小孩在路边戏玩，立刻起了歹心。他扬鞭狠狠地抽打了马一下，马撒开四蹄向前狂奔。等马快到时，小伙伴们把绳子突然拉紧，马被绷起的绳子绊翻，“扑通”一声栽倒在地。骑在马背上的莫仕东还没弄清是怎么回事就被甩下来，摔个嘴啃泥，躺在地上“哎哟，哎哟”地怪叫。彭德怀与小伙伴们见了又好笑又解气，然后嘻嘻哈哈地扬长而去。

【动作描写】
彭德怀机智聪明，与小伙伴们一起捉弄了纨绔少爷。刻画了他藐视权贵的品格。

阅读与理解

【名师点拨】

毛主席赞美彭德怀说：“谁敢横刀立马，唯我彭大将军”。彭德怀一生征战无数，屡立战功，为人民立下了汗马功劳。彭德怀战争时期作战勇敢、刚正不屈，新中国成立后勇挑重担、严于律己，深受全党、全军和全国各族人民爱戴。

【回味思考】

1.是什么激发了少年彭德怀的革命思想？
2.彭德怀是如何捉弄坏人和纨绔少爷的？
3.你还知道哪些关于彭德怀的故事？

陈中伟

名师导读

看着小狗痛苦的样子，陈中伟紧锁眉头，立刻找来爸爸的解剖刀、剪子、针线、纱布等，指挥着小伙伴们手忙脚乱地一阵忙乎。

千手观音是大家都熟知的，在一些寺庙中常可见到，但现实生活中的“千手观音”你知道吗？他就是我国著名的断肢再植专家陈中伟教授。

他的童年与麻雀和青蛙结下了不解之缘。有一次，他用剪刀剪掉蛙头以后，看到青蛙脊椎骨的断口有一个圆圆的小洞，感到很奇怪，就用一根细铅丝伸进了那个圆洞。突然，青蛙竟自己活动起来了。陈中伟想不出是为什么，就叫爸妈来看。

【动作描写】陈中伟想不通为什么断了腿的青蛙仍能跳动。刻画了他从小勤学好问，善于思考的美好品格。

“这个圆洞有个专门的名称，叫椎管。”陈中伟的爸爸说。

“用铅丝往椎管里捅，青蛙脚为什么会动呀？”陈中伟着急地问。

“椎管里那白色的豆腐样的东西是脊髓神经，叫触神经。”陈中伟的爸爸说，“它像个神经组织的总开关，它与全身各部分的神经相连。你刚才触动了总开关，蛙脚当然就活动了。”

从此，陈中伟的好奇心被引导到观察动物内部构造的方面。以后，陈中伟逮住麻雀不光是拿着玩了，他有时会将麻雀小心地用剪刀剖开，然后向爸爸妈妈请教。

【动作描写】少年陈中伟对动物的生理构造产生浓厚兴趣，不断地探索。他的经历启示我们，兴趣是人生最重要的老师。

父母对于陈中伟的问题百答不厌，他们细心地指着麻雀的各个部位，耐心地回答：“这叫心脏，是血液流动的‘泵’；这叫肺，是专管呼吸的‘风箱’；这叫胃，是消化食物的‘工厂’……”

有一天，少年陈中伟正在院子里和小伙伴们玩耍。

忽然，家中那只可爱的小花狗从外面跑回来，“汪汪”直叫，声音凄惨，还伴有呻吟声。一个眼尖的小伙伴大叫起来：“中伟，你家狗受伤了！”陈中伟不禁大吃一惊，抱起小狗，只见它的一条后腿鲜血淋漓，再仔细一看，已经断了。

“一定是压的。”“它一定很疼，快想办法吧！”

“中伟，你爸爸在家就好了，他准有办法。”

小伙伴们七嘴八舌议论着。听着听着，陈中伟心里忽然闪过一个大胆的念头，他对小伙伴们说：“我们自己动手把它的腿接上去，好不好？”

【语言描写】刻画了陈中伟胆大心细，机智勇敢的人物性格。

小伙伴们一听，都很兴奋，附和着陈中伟。陈中伟立即找出爸爸的旧解剖刀、剪子、针线、纱布等，还不时地指挥小伙伴们做这做那，自己则当“主刀医生”。忙了好半天，总算在狗身上完成了“手术”，大伙开心极了。

等爸爸下班回家，陈中伟高兴地说：“爸爸，我今天把小狗的断腿接上去了。”

弄清怎么回事后，爸爸打趣地笑着说：“我们家出名医了！”笑过之后，他又认真地说：“孩子，如果你真能把断肢接好，可真的就成为一代名医了。至今为止，还没人能做到呢！”

【语言描写】父亲的鼓励给予陈中伟很大的动力，激励着他在医学的道路上勇攀高峰。

没过几天，小狗死了，那只断腿依然耷拉着。这次给小狗接腿的失败在陈中伟的记忆中留下了深刻的印象，从那时起，他就立志要突破断肢再接难关，造福人类。

阅读与理解

【名师点拨】

1963年1月，陈中伟和他的同事们在医学界爆炸了一颗原子弹，对上海一名青年工人王存柏被冲床离断的右手进行成功再植，5个指头全部成活。这是世界首例成功的断肢再植手术，是中国医学界的骄傲。敬爱的周总理特地在上海接见了陈中伟，并鼓励他继续努力。陈中伟一共主持发明了6项断指再植技术，共接活了几千只断指，被称为“再植之父”。

【回味思考】

1.通过哪些动作可以看出陈中伟的仁爱之心？

2.陈中伟从小就显露出对事物的好奇心，具体表现在哪里？

汤显祖

名师导读

汤显祖在遂昌做了五年知县，没有拘捕过一名妇女，也没处死过一名囚犯。他深受遂昌人民的爱戴，但却遭到统治集团的忌恨。

汤显祖，字若士，明代江西临川人，是著名的文学家、戏剧家。他的作品较多，流传下来的有传奇五种《紫箫记》、《紫钗记》、《牡丹亭》、《邯郸记》、《南柯记》和诗文集《玉茗堂全集》。

汤显祖生活在明代政治上极为腐朽的时期，皇帝昏庸，宰相擅权，宦官特务到处横行，正直的知识分子经常受到迫害。汤显祖和当时一些进步知识分子站在一起，同权奸、宦官不断斗争。明神宗万历十九年，汤显祖在南京做礼部主事时，写了有名的《论辅臣科臣疏》，揭露了政治的黑暗，抨击了社会道德的腐败和执政宰相申时行的专横与任用私人，他还指责了明神宗朱翊钧本人。他说："陛下统治天下二十年，前十年由张居正执政，他刚直但多私心，以致聚集一批小人损坏了朝政；后十年由申时行执政，他柔弱也多私心，以致聚集一批亲信死党把持朝政。这是十分可惜的，应该立即诫谕辅佐大臣自我检查悔过。"结果皇帝大怒，把他贬到广东徐闻去做典史小官。

【背景介绍】汤显祖生活在黑暗的时代，但周围恶劣的环境并没有消磨他的意志，反而是他成长的动力。

后来，汤显祖调到浙江遂昌做知县。遂昌是浙南一个小县，十分贫困，但地主恶霸却非常猖獗，老百姓生活十分痛苦。汤显祖关心民生疾苦，严厉打击恶霸势力，抑制豪强，使遂昌人民舒了一口气。

汤显祖认为关押的囚犯大多数是好人，有的是为生活所逼迫铤而走险的，于是准备放囚犯回家过春节。这件事可从来没听说过，县衙内议论纷纷。一位姓李的狱官对汤显祖说："大人，这是万万做不得的，那些犯人都是杀人放火的亡命之徒，让他们回家过春节，岂不是放虎归山？我可担当不起责任。"一位姓

【细节描写】汤显祖明察秋毫，十分了解百姓艰辛，知道这些人原本是良民。

陈的典史说：“大人，‘纵虎容易，捉虎难’，要想让犯人按时回监狱是不可能的。”汤显祖说：“我这样做实际上是让罪犯体会家庭的温暖，他们的家人利用春节亲人团圆的机会，一定会劝他们改恶从善，他们也一定会感激我的宽容，按时回来的。”

【语言描写】

汤显祖宅心仁厚，对这些人深信不疑。刻画了他悲天悯人的善良。

到了放假的那一天，犯人们在家人的陪同下高高兴兴地回家过年。年后，他们又高高兴兴地回到监狱，竟没有一个人逃跑。到了正月十五元宵节那天，汤显祖又让犯人出狱去看花灯，同样也没有一个犯人乘机逃跑的。汤显祖做了五年遂昌知县，没有拘捕过一名妇女和打死过一名囚犯。他的种种安民措施受到遂昌人民的爱戴，但却因此遭到统治集团的嫉恨，终于在万历二十六年遭弹劾辞职回家，三年后正式被免职。

十几年宦途波折，使汤显祖进一步认清了官场的黑暗和腐败，更增加了他对统治集团的蔑视和不满。此后二十年，他隐居家中从事写作，一直到逝世。

【事件概述】

十几年的官海生涯让汤显祖充分认识到官场的黑暗和腐败，也为他创作提供了许多素材。

阅读与理解

【名师点拨】

汤显祖一生创作了许多脍炙人口的剧作，这些作品不但为中国人民所喜爱，而且已传播到英、日、德、俄等很多国家，被视为世界戏剧艺术的珍品，他本人也有“东方莎士比亚”的美誉。

【回味思考】

1.汤显祖生活的时代背景是什么？

2.汤显祖有哪些高尚的情怀，具体表现在哪方面？

李 广

名师导读

李广和士兵们被数千匈奴人围住，兵将们惊慌失措，准备逃走，李广临危不乱，建议用虚张声势的计策吓阻匈奴兵。

匈奴经常进犯汉朝，李广被调任做边境地方的太守，从此，他的生命就与抗击匈奴的事业紧密地联系在了一起。

匈奴大肆侵扰边境，皇帝派了一个亲信做监军，协同李广操练军队，抗击匈奴。一次，监军带领数十名骑兵出外巡视，半路上与三个匈奴兵相遇，双方发生了激烈的战斗。那三个人毫不畏惧，以少敌多，只凭着手中的弓箭，竟把监军统率的骑兵几乎全部射杀，监军本人也受了重伤。

【预设伏笔】汉军十几人都敌不过三个匈奴人，为刻画李广预设伏笔。

监军挣扎着奔回李广那里，报告了情况，李广听说后，便断言道："这三个人必定是匈奴军中的神射手！"他点了一百名骑兵，跟着他去追这三个匈奴兵。

那三个匈奴兵没有马，是步行的，所以李广很快就追上了他们。他指挥众兵把他们包围起来，自己搭弓射箭，箭无虚发，一下子就射杀了其中两人，射伤一人。他命令骑兵们把那个受伤的绑起来，准备押回去审问。但就在这个时候，远处杀来了匈奴人马，足有数千人！他们见了李广他们，以为是替大部队诱敌的先锋，非常惊惶，马上摆起了阵势。

李广所率的兵将们惊慌失措，回头就想跑。李广却阻止他们道："现在我们离军营已经很远了，如果就这样逃去，敌众我寡，敌人肯定会把我们全都射杀，现在如果我们留下来，敌人一定会以为我们是诱敌的先锋，大军就在后面，那么肯定不敢攻击我们！"于是，李广果断命令部下道："前进！"竟反而向匈奴大军的方向开去！

【语言描写】兵将们惊慌失措，而李广泰然处之，一点也不慌张，关键时刻临危不乱。

李广把百名骑兵队伍开到离匈奴军只有二里多远的地方

才停下，又下令道："全体下马解鞍！"

部下惊道："敌人这么多，离我们又这么近，我们却要下马解鞍，如果他们过来了，我们哪儿来得及逃啊！"

【语言描写】
李广足智多谋，精通兵法。刻画了他大智大勇的名将形象。

李广道："敌人原先以为我们要逃，现在我们下马解鞍，反而不逃，这就表示我们并不害怕，他们就更不敢攻击我们了！"

匈奴兵果然不敢攻击李广他们。这时，匈奴阵中有一名将领出阵检点他的部下，李广马上上马带领十几个人奔袭过去，将这名将官射杀，随即又回到骑兵队中，解下马鞍，命令全体骑兵放开马躺下。这时，天色已晚，匈奴兵不辨虚实，始终不敢贸然出击。到了夜里，他们又怕附近埋伏了汉军的大队人马，会乘夜偷袭，便全部撤退了。

就这样，李广身陷险境，竟凭借着自己非凡的胆略和智慧化险为夷。天亮以后，他和他的一百名骑兵安全地回到了大营。

阅读与理解

【名师点拨】

李广善于骑射，精通兵法，他能和士兵们和睦相处，为人谦逊温和。汉文帝看过李广的武艺后，感叹地说：“爱卿要是生活在高祖时期，会很轻松地挣个万户侯。”尽管李广一生征战无数，但并没有封侯，后人无不为之叹息。

【回味思考】

1.面对数千敌人，李广是怎么做的？

2.李广使用了什么计策成功退敌，并安全返回大营？

钱伟长

名师导读

钱伟长见牌子上写着“华人与狗不得入内”，气得浑身发抖，他想到了百年来中国遭受的屈辱，发誓要为振兴中华而奋斗。

钱伟长1912年9月出生在江苏省无锡县的一个小村子里，父亲在外地教书，家里过着清贫的日子。

7岁上学前，钱伟长经常帮妈妈糊火柴盒，到河里捞鱼虾，贴补家用，很早就领略到了生活的艰辛。上学后，他一边用心读书，一边继续帮助家里干活，他的勤劳常常得到母亲和邻居们的称赞。小学毕业时，由于家里穷，妈妈和奶奶执意不让他上中学了，让他学点手艺来减轻家里的负担，钱伟长是多么想上中学啊！可是看着一天到晚劳累不停的妈妈和奶奶，想起弟弟妹妹和家里的境况，他只好含泪答应了。父亲知道后，急忙从外地赶回来，说服了妈妈和奶奶，将钱伟长送进了中学读书。

【感叹句】
钱伟长热爱读书，但父母不得不让他学门手艺养家，他是多么不舍啊！

钱伟长终于可以继续读书了，他辗转了几所中学后，最后考入苏州中学上高中，由于他连许多初中课程都没有学过，所以他拼命弥补落下的课程，连星期天也不出去，坐在教室里用功，晚上主动到老师那里去看书、复习和改错，天天学到深夜11点多。终于渡过了难关。

高中毕业后，父亲去世了，钱伟长又面临着辍学的危险。在走投无路的情况下，他听说上海有位叫吴蕴初的化学家，用自己生产味精得来的利润，每年给12名成绩优秀的穷苦学生提供上大学的奖学金，叫“清寒奖学金。”钱伟长决定试一试，为了保险起见，钱伟长连续参加了清华大学、交通大学、中央大学、武汉大学和浙江大学的升学考试。

【动作描写】
为了争取到这难得的助学机会，钱伟长连续参加考试。

考试结束后的一天，钱伟长漫步到上海的外滩公园门口，突然发现一块大大的牌子挂在大门上，上面写着：“华人与狗不得入内。”钱伟长简直不相信自己的眼睛，由于气愤，他全身都抖动起来。他想起自1840年鸦片战争以来，外国列强对中国的践踏，发誓要为祖国的强盛而奋斗。从此，钱伟长立下了科学救国的志向。不久，钱伟长同时收到了5所大学的录取通知书，“清寒奖学金”也被他拿到了，他选择了清华大学物理系。

【心理描写】想到百年来中国所受的屈辱，钱伟长发誓要以科技兴国，振兴民族。

钱伟长在清华大学上完本科和研究生后，又以优异的成绩考取官费留学，到加拿大多伦多大学深造，攀登弹性力学理论的高峰。28岁时，他提出的板壳理论非线性微分方程，被国际上称为“钱伟长方程”，声誉卓著。获得多伦多大学博士学位后，他又到美国进行火箭技术的研究，他研究出的计算人造卫星的损失度的方法，直到今天还在发挥着作用。

抗战胜利后，钱伟长怀着把科学的种子撒播到祖国大地的雄心壮志，回到了祖国的怀抱。作为一名力学专家，他承担了许多重大科研项目和教育工作。在几十年的风风雨雨之中，他勤勤恳恳、无怨无悔地为党和人民的工作倾注了满腔的热情，赢得了人民的尊敬和爱戴。

【总结】钱伟长为国家和人民的事业工作了一辈子，实现了幼时的报国理想。

阅读与理解

【名师点拨】

中国物理学界有著名的“三钱”，钱学森、钱伟长和钱三强，他们都是北宋钱鏐的后代。钱伟长是著名的弹性力学专家，世界著名的杰出华人科学家，教育家，社会活动家。

【回味思考】

1.在求学的道路上，少年钱伟长遇到了哪些困难？

2.当看到侮辱中国人的牌子，钱伟长心里是怎么想的？

外国名人故事

丘吉尔

名师导读

丘吉尔考试失败，被编在成绩最差的一个班，他在老师眼里是低能、怪癖的代名词。

2002年10月，温斯顿·丘吉尔被英国人民选为“最伟大的英国人”，排在他身后的英国伟人，依次为莎士比亚、牛顿、达尔文等。

7岁那年，温斯顿·丘吉尔被父母送到一所名为圣乔治的贵族子弟寄宿学校读书。主持校政的是教会的一名牧师，教育方式是典型的英国式的刻板和严厉，无情的体罚则犹如狱卒打骂犯人，丝毫不顾及这些学生的强硬“背景”。丘吉尔性格倔强，在挨打时拼命哭叫、踢打，有一次甚至把校长的草帽踩得粉碎。

【动作描写】在遭受不公平对待时，年幼的丘吉尔会拼命反抗，刻画了他无畏的性格。

学期结束时，他带着一张成绩单和满身的疤痕回到家里。学校给他的评语是“淘气”和“贪吃”。鉴于他的健康受到损害，根据家庭医生的建议，父母将丘吉尔转学到布雷顿的另一所学校。

12岁时，父亲又将他送进哈罗公学，这是培养英国绅士的摇篮。因为入学考试的失败，他被编在成绩最差的一个班中的最末一个组。他的学业成绩也一直是倒数前几名。

【细节描写】丘吉尔少年时并不聪明，但有个知音。丘吉尔的经历告诉我们，后天的努力更重要。

这孩子给很多人的印象是低能、怪僻、无法无天，幸亏他还有一个知音，即他的外祖父。这位经历过大世面的美国百万富翁说：“让他去吧！男孩子只要有显示才能的机会，自然会变好的。”少年丘吉尔的确显示出某些才能。他酷爱历史，这门学科的成绩也非常突出；他还能大段大段地背诵莎士比亚作品中的台词。但这些才能并没有显示的机会。他热衷于体育和军事训练，接受操练和射击训练，参加对抗性的战斗演习和战术拉练。他还练出了很棒的骑术和游泳技能。

【细节描写】
丘吉尔非常喜欢历史，还喜欢莎士比亚的作品。他的经历启示我们，每个孩子都有专长，关键如何发现发光点。

丘吉尔产生了一个新的梦想——他想成为一名军官。但这条路也走得并不顺，他两次考试都名落孙山，哈罗公学的校长推荐丘吉尔到詹姆斯上尉那里去补习功课。詹姆斯上尉开办了一所补习班，给那些想投考桑赫斯特军校而成绩较差的学生提供补习。这种“快餐”式的补习还是卓有成效的，丘吉尔应付考试的能力大为提高，最终如愿以偿考进桑德赫斯特皇家军事学校。丘吉尔在回忆自己的这一段生活时，有过极为生动有趣的描述：“我在几乎是全校最后一名的同时，却又成功地通过了军队的征兵考试。我也是碰巧遇到了好运——在考试中，将要凭记忆绘一张某个国家的地图。在考试的前一天晚上，我将地球仪上所有国家的名字都写在纸条上放进帽子里，然后从中抽出了写有新西兰的那一张。接着我就大用其功，将这个国家的地理状况记得滚瓜烂熟。不料，第二天考卷中的第一道题就是：‘绘出新西兰地图。’我开始了军旅生涯。这个选择完全是由于我收集玩具锡兵的结果。我小时候有近1500个锡兵，组织得像一个步兵师，还下辖一个骑兵旅，我弟弟杰克统领的则是‘敌军’。但是我们制定了条约，不许他发展炮兵。这非常重要！是小锡兵改变了我的生活志向……”

【动作描写】
虽然丘吉尔通过考试有偶然的因素，但机会从来是给有准备的人留着。

几十年后，丘吉尔已是一位成功的政治家和作家。他做过记者，做过海军大臣，做过英国首相，还得过诺贝尔文学奖。有一次，丘吉尔在一个星期日邀请了一些年轻人，安排了一次小型午餐会。有一位先生提问：“你的经历中充满了冒险和成就，这是一种奇迹。你过去犯的错误和失去的机会是什么？”

“22岁以前我不爱学习。我有效的教育几乎完全是军事方面的。后来我希望进牛津大学，却没能实现我的愿望。”

“如果你重新生活，你会很谨慎地从事一切吗？”

“我想我不可能从一开始就懂得谨慎的意义。到20岁时我会开始谨慎地生活。25岁是人生最好的年华，整个世界在你面前。我不愿意再回到中学时代，我从来不喜欢中学，这是我的缺点。在中学里，我的学习、体育都不行。我也不喜欢那些刻

【语言描写】
伟人的话启迪小读者们，年轻时要格外珍惜学习的机会，懂得谨慎对待生命和时间。

板的规则。”

“难道你可以一下子跳进大学？”

“是这样。男孩子必须能够选择自己的道路。我从父母那里得到的只是我的名字而不是财产，我必须寻找机会。我的特殊不是继承来的，而是我通过拼搏争取来的。在我22岁时，我的军饷根本不够花，所以我不得不靠借贷度日。这使我无法按照自己的意愿去生活。于是我开始奋发图强，集中精力投入学习，以争取自主。我懂得没有钱就没有自主，只有争取到经济独立才能有真正的自主。我工作，我读书，我写作，我画画，我记不得有哪一天是闲散的。直到今天，我从不肯白白地放过一天……”

1965年1月初，丘吉尔因患感冒而卧床不起，15日因脑溢血而昏迷，24日逝世，享年91岁。1月30日，英国为他举行了隆重的国葬。

【警世名言】

丘吉尔从父母那里得到的只是名字，他杰出的才能完全是后天不懈努力和顽强拼搏的结果。

【语言描写】

人的生命如何才更有意义？丘吉尔给了我们明确的解答，不让每一天虚度！

阅读与理解

【名师点拨】

温斯顿·丘吉尔是英国政治家、画家、演说家、作家以及记者，1953年凭借《不需要战争》获得诺贝尔文学奖，二战时两度任英国首相，被认为是20世纪最重要的政治领袖之一。据传他是历史上掌握英语单词词汇量（十二万多）最多的人之一。被美国杂志《展示》列为近百年来世界最有说服力的八大演说家之一。2002年，BBC举行了一个名为“最伟大的100名英国人”的调查，结果丘吉尔获选为有史以来最伟大的英国人。

【回味思考】

1. 小时候的丘吉尔在人们眼里是怎样的男孩？
2. 为了加入军校，丘吉尔是如何做的？
3. 丘吉尔的经历给我们什么启示？

雨　果

名师导读

雨果在流亡期间，从没有停止过反对拿破仑三世的斗争，他创作了大量的小说，来讽刺、抨击反动统治。

雨果 1802 年出生于法国南部的贝桑松城。祖父是木匠，父亲是共和国军队的军官，曾被拿破仑的哥哥西班牙国王约瑟夫·波拿巴授予将军军衔，是这位国王的亲信重臣。

【人物介绍】

雨果小小年纪就展露出过人天赋，在文学界崭露头角。

雨果天资聪慧，9 岁就开始写诗。15 岁写的《读书乐》受到法兰西科学院的奖励；20 岁时因发表诗集《颂歌》，国王路易十八赐给他年金。

1827 年，雨果发表剧本《克伦威尔》和《克伦威尔序言》。剧本虽未能演出，但那篇序言却被认为是法国积极浪漫主义的宣言，成为文学史上划时代的文献，对法国浪漫主义文学的发展起了很大的推动作用。

1830 年，雨果的剧本《欧那尼》在法兰西大剧院上演，产生了巨大的影响，确立了浪漫主义在法国文坛上的主导地位。

【解释说明】

反暴政、反封建是每一个有良知的作家永恒的主题，雨果也不例外。

《欧那尼》写的是 16 世纪西班牙一个贵族出身的强盗欧那尼反抗国王的故事，雨果赞美了强盗的侠义和高尚，表现出了强烈的反封建倾向。

1830 年 7 月，法国发生了“七月革命”，封建复辟王朝被推翻了。雨果热情赞扬革命，歌颂那些革命者，写诗哀悼那些在巷战中牺牲的英雄。

【解释说明】

雨果最伟大的作品是《巴黎圣母院》，它是一部史诗巨作。

1831 年发表的《巴黎圣母院》是雨果最富有浪漫主义的长篇历史小说。小说的情节曲折离奇，紧张生动，变幻莫测，富有戏剧性和传奇色彩。小说表现了雨果对封建政府和教会的强烈憎恨，同时也反映了他对下层人民的深切同情。

“七月革命”之后，法国建立了以金融家路易·菲利浦为首的大资产阶级统治的“七月王朝”。七月王朝不断对雨果进行拉拢，1841年雨果被选入法兰西科学院，1845年，路易·菲利浦封他为法兰西贵族世卿，还当上了贵族院议员。雨果的创作热情减弱了。1843年，他写了一个神秘主义剧本《卫戍官》，上演时被观众喝倒彩，遭到了失败。雨果为此沉默了将近10年没有写作。

【动作描写】雨果一度迷失自己，成为贵族议员，他的创作能力降低。

1848年6月，巴黎人民举行革命，推翻了七月王朝，成立了共和国。开始雨果对革命并不理解，但当资产阶级阴谋消灭共和国时，雨果却成了一个坚定的共和主义者。1851年12月，路易·波拿巴发动政变，雨果参加了共和党人组织的反政变起义。路易·波拿巴上台后建立了法兰西第二帝国，他实行恐怖政策，对反抗者无情镇压。雨果也遭到迫害，不得不流亡国外。

流亡期间，雨果一直坚持与拿破仑三世的斗争，他写政治讽刺小册子和政治讽刺诗，猛烈抨击拿破仑三世的独裁统治。这时期，他先后发表了长篇小说《悲惨世界》、《海上劳动者》和《笑面人》。

《悲惨世界》是雨果的代表作，这部作品揭露了资本主义社会的尖锐矛盾和贫富悬殊，描写了下层人民的痛苦命运，提出了当时社会的三个迫切问题：“贫穷使男子潦倒，饥饿使妇女堕落，黑暗使儿童羸弱。”猛烈抨击了资产阶级法律的虚伪，全面反映了19世纪前半期法国的社会政治生活。所以，小说受到全世界人民的欢迎，到了20世纪，它又多次被改编成电影，同样吸引了无数的观众。

【解释说明】经历过失败后，雨果更加成熟，又爆发了旺盛的写作能力，创作了巨著《悲惨世界》。

1870年普法战争爆发，法国在兵败之后，普鲁士军队直逼巴黎。在这国家危亡的紧要关头，雨果在流亡了19年之后回到了祖国。他到处发表演讲，号召法国人民起来抗击德国侵略者，保卫祖国。他还用他的著作和朗诵诗歌得来的报酬买了两门大炮，表现了崇高的爱国精神。

【动作描写】为了抵抗侵略者，雨果到处奔波，还捐助了大炮，刻画了他高尚的爱国情操。

巴黎公社起义时，雨果并不理解这次革命。但当公社失败后，反动政府疯狂镇压公社社员，雨果又愤怒谴责反动派的兽行，他呼吁赦免全部公社社员，并在报纸上宣布将自己在比利时首都布鲁塞尔的住宅提供给流亡的社员作避难所。为此，他的家遭到反动暴徒的袭击，他自己险些丧命，但他仍然坚持自己的立场。

1885年，雨果逝世。法国人民为这位伟大的诗人举行了国葬。他的遗体被安葬在专门安葬伟人的先贤祠。

阅读与理解

【名师点拨】

雨果是坚定的爱国者，但不是无原则的支持法国政府的暴行。1861年，当雨果得知英法侵略者纵火焚烧了中国的圆明园后发出了满腔义愤。他义正词严地写道：“……我希望有朝一日，解放了的干干净净的法兰西会把这份战利品还给被劫掠的中国。”

【回味思考】

1. 雨果一生创作了哪些影响深远的著作？

2. 当侵略者攻入法兰西，雨果是怎么做的？这些细节表现了他哪些高尚的品格？

3. 雨果是如何评价英法联军破坏中国圆明园行为的？

爱因斯坦

名师导读

麦克斯给了爱因斯坦一本平面几何教科书，一下子就吸引了少年爱因斯坦的心灵，他每天如饥似渴地读着，甚至忘记了吃饭。

阿尔伯特·爱因斯坦1879年3月14日出生在德国的乌尔姆城。父母都是犹太人。父亲赫尔曼·爱因斯坦和叔叔雅各布·爱因斯坦合开了一个制造电器设备的小工厂。母亲玻琳是受过中等教育的家庭妇女，非常喜欢音乐，在爱因斯坦6岁时就教他拉小提琴。这是一个和睦、愉快的家庭，亲人们深爱着小爱因斯坦，但都为他的智力发育感到担忧。爱因斯坦小时候并不活泼，3岁多还不会讲话。父母很担心他是哑巴，带他去给医生检查，还好小爱因斯坦不是哑巴。可是直到9岁时，他讲话还不很通畅，所讲的每一句话都必须经过认真的思考。小爱因斯坦是一个诚实的孩子，从不做违心或骗人的事。为此，他受到同学们的讥笑，给他起了一个绰号叫“诚实的约翰”。爱因斯坦的叔叔雅各布在电器工厂里专门负责技术方面的事务，而爱因斯坦的父亲则负责商业的往来。雅各布是一个工程师，非常喜爱数学，当小爱因斯坦来找他问问题时，他总是用很浅显通俗的语言把数学知识介绍给他。

【人物介绍】爱因斯坦小时候很木讷，看上去有点弱智。

【动作描写】工程师雅格布是科学家最初的启蒙老师，是他开启了爱因斯坦探索知识的大门。

有一天爱因斯坦跑来问叔叔：“什么是代数？”叔叔就这样解释：“在算术中有很多问题不容易解决，要算又很难。而代数，是一门‘快乐’的数学，能很容易的帮人们解答困难的计算。我们把我们不知道的数叫做X，然后来捕捉它。你把它做作已知道的东西，建立一些关系，最后你就可以容易地得到它了。”然后叔叔给了他一本有代数问题的小册子，爱因斯坦很快就学会了如何解决里面的问题。

有一次雅各布叔叔给他讲了几何中一个很美丽的定理——

【细节描写】

当爱因斯坦发现这个秘密后，很吃惊，也加深了他对几何学的兴趣。

【比喻修辞】

麦克斯循循善诱的开导启迪了爱因斯坦的好奇心，将他吸引到科学的道路上。

毕达哥拉斯(勾股)定理：任何直角三角形的长边平方一定等于两短边平方的和。叔叔没有告诉他这个定理的证明，但是爱因斯坦在画了许多直角三角形后发现这关系一直成立，感到非常的惊奇。

父亲的生意做得并不好，但却是一个乐观和心地善良的人，家里每星期都有一个晚上要邀请来慕尼黑念书的穷学生吃饭，这样等于是救济他们。其中有一对来自立陶宛的犹太兄弟麦克斯和伯纳德，他们都是学医科的，都喜欢阅读书籍，兴趣广泛。他们被邀请到爱因斯坦家里吃饭，并和羞答答、长着黑头发和棕色眼睛的小爱因斯坦成了好朋友。

麦克斯可以说是爱因斯坦的“启蒙老师”，他借了一些通俗的自然科学普及读物给他看，看完后就和爱因斯坦讨论，并且再继续提供给他新的读物。麦克斯点燃了爱因斯坦自学的兴趣火花，还不断地辅导他。麦克斯在爱因斯坦12岁时给了他一本施皮尔克的平面几何教科书，一下子攫取了爱因斯坦的心灵。爱因斯坦晚年回忆这本神圣的小书时说：“这本书里有许多断言，比如，三角形的三个高交于一点，它们本身虽然并不是显而易见的，但是可以很可靠地加以证明，以致任何怀疑似乎都不可能。这种明晰性和可靠性给我造成了一种难以形容的印象。”

这时爱因斯坦又想起了毕达哥拉斯定理，于是想要独立证明这个定理。他花了三个星期最后找到一个方法，就是从直角三角形最长边所面对的顶点作这边的垂直线，于是把三角形分成相似三角形，由此很容易证明这个定理。虽然这是一个古老的有两千多年

历史的定理，但是爱因斯坦经过一番努力总算得到了结果，他第一次体会到科学发现时的欣喜。

麦克斯每星期来时，都会帮他改一些习题，并且辅导他做一些较难的问题，后来又引导他学习高等数学，13 岁时他已自学微积分了。当他的同班同学为那些平面几何的简单问题和循环分数而皱眉头时，爱因斯坦靠自学已经进入到无穷级数这个美丽神奇的“无穷世界”去了。

【巧用对比】

爱因斯坦已经轻松掌握了高等数学，而他的同班同学们仍在为简单几何愁眉苦脸。

很快小爱因斯坦的数学程度超过了读大学的麦克斯，比他大 11 岁的医科大学生再也跟不上这个十二三岁的小孩子了。为了以后有共同谈话的话题，麦克斯开始借哲学书给他看。爱因斯坦在 13 岁就能看懂康德的《纯粹理性批判》，而那是一本对许多成人来说都算是枯燥艰深的书。这时候爱因斯坦阅读的书就是数学、物理和许多哲学家的书。他不看小说，唯一的消遣就是拉小提琴。

麦克斯认为他已发现了一个神童，他说：“一个伟大的科学家或哲学家，将从爱因斯坦身上成长起来。”

【语言描写】

麦克斯为发现一个未来的科学家而感到由衷的高兴，他预言爱因斯坦将影响世界。

爱因斯坦在物理学的许多领域都有贡献，其中最重要的是创立相对论和光量子论。爱因斯坦于 1921 年获诺贝尔物理学奖。

阅读与理解

【名师点拨】

爱因斯坦原来是德国人，后来为了躲避纳粹德国对犹太人的迫害，移民美国。他创立了代表现代科学的相对论，并为核能开发奠定了理论基础，被公认为自伽利略、牛顿以来最伟大的科学家、思想家。

【回味思考】

1.爱因斯坦是如何对几何学产生兴趣的？

2.在爱因斯坦求知的道路上，哪些人对他帮助最大？

3.你知道相对论吗？它讲了些什么？

富兰克林

名师导读

他是一个印刷工人，同时在政治、哲学、文学、外交等领域均有涉猎，同时为美国独立战争作出了贡献，他就是富兰克林。

本杰明·富兰克林，1706年1月17日出生于北美新英格兰波士顿一个制造肥皂的贫困手工业者家里。他家有14个孩子，他是10个男孩中最小的1个。富兰克林从小就喜欢读书，8岁时，被送进文法学校学习，父亲希望他长大了能成为一个牧师。

【事件概述】不是所有伟大的人物幼年都那么聪颖，也有资质平凡者。

父亲的家庭负担很重，怕将来没钱供他上大学，就把他送到写算学校去学习。富兰克林写字的成绩很好，算术却毫无进步。

10岁时他不得不离开学校，在家帮助父亲制造蜡烛和肥皂。他的学校生活从此结束了，但他的学习并没结束，无论环境怎样困难，工作怎样繁忙，他都努力自学。

在父亲的店里工作的两年中，他总是在工作之余抓紧时间看书，不仅把父亲的藏书读了一遍，还用自己挣来的钱买书看。父亲看小富兰克林爱书如命，就叫他跟哥哥学印刷。12岁那年，他同哥哥签订合同，做学徒一直到21岁。在学习期间除膳食和衣服外没有其他报酬。

【警世名言】这句话是富兰克林的名言，也是激励世人珍惜时间的座右铭。

富兰克林到他哥哥的印刷所里当学徒后不久，就成了哥哥的得力助手。他还认识了一些藏书人，经常向他们借书，彻夜阅读。他非常爱惜时间，他说：“你热爱生命吗？那么别浪费时间，因为时间是组成生命的材料。”“读书是我唯一的娱乐。我从不把时间浪费在酒店、赌博或任何一种恶劣的游戏上。我对事业的追求，按照需要，不厌不倦。”

富兰克林当学徒时，为了省下钱买书，就跟哥哥把伙食费要去，自己做饭吃。

1721年，他哥哥詹姆士创办了《新英格兰报》。富兰克林常常匿名投稿，他的文章很受读者的称赞，这使他暗自高兴，更坚定了他写作的信心。

富兰克林的哥哥丝毫没有骨肉情长，不仅对弟弟吹毛求疵，有时还又打又骂。17岁时富兰克林再也忍受不住，偷偷跑到了费城，在费城的基未尔印刷所工作。

【细节描写】

虽然是骨肉兄弟，但兄长对富兰克林很不友好，动辄打骂。

费城州长威廉·基兹爵士从富兰克林的姐夫那里知道富兰克林非常能干，便许愿帮助他在费城开一家像样的印刷所，并叫他到英国伦敦去购买机器。

富兰克林到了英国，州长却收回了承诺，18岁的富兰克林孤身漂泊，只能靠自己的印刷手艺寻找维持生活的出路。1726年10月，富兰克林回到美国，为了开展民众启蒙工作，他创办了许多文教团体和公共福利事业。

1727年秋天，富兰克林同几位有才学的青年创办了一个青年组织——“共读社”，经常对道德、政治、自然、哲学等问题进行讨论。

1729年，他收买了印刷所的全部股份，开始独立经营。第二年，他又收买了基未尔的报纸，创办起自己的报纸——《宾夕法尼亚报》，办报收益很大。

【事件概述】

富兰克林买了印刷所，他的事业正是从此开始起步。

这时，州议会通过增发纸币的议案，决定让富兰克林承印纸币，这下富兰克林既获得了政治声誉又得到了经济利益。

富兰克林提议，“共读社”的每个人都把书拿出来合办一个图书馆，这样能教育更多的人，但因图书缺少必要的管理，1年后就停办了。

对此，富兰克林并不灰心，在他亲自筹办下，1731年，费城图书馆正式成立了。这所图书馆每周开馆1次，供人借书阅读，后来别的城市也相继效仿成立起图书馆来。

富兰克林正式参加政治活动是在1736年。这一年，他被聘为宾州议会秘书并一直连任到1751年，他很满意这个工作。

为了教育青年，他发起组织美洲哲学会，帮助会员交换开发资源和从事物质建设的知识，宣传自然科学、哲学和政治学的知识。几年后，这个美洲哲学会发展成为美国第一所大学——宾州大学。

【事件概述】

富兰克林在人生的道路上从不停步，一直在进行积极、有意义的事业。

1737年，富兰克林创立了第一个救火队，1751年，富兰克林又用募捐的办法办了一所公共医院。1753年，他任美洲副邮务总长，这期间他注意减低邮费，加速邮递，使美洲邮政业大为改观。

富兰克林在40岁前，集中精力创办公共福利和文化教育事业，无暇搞科学研究，1754年以后，政治又迫使他把科学仪器放在一边。这中间只有几年时间能够利用来从事科研，但他做出了很大贡献。

【解释说明】
富兰克林从事的事业不仅在教育、出版、邮政等领域，他还参与科学研究，并取得了骄人成绩。

富兰克林开始做第一次电学实验时，科学界对静电现象还了解不多。他在实验中解决了当时电学中亟待解决的问题——莱顿瓶的作用原理。

他还利用充电体之间静电的吸力和斥力的作用制造了电轮。这实际上是不断地把电能变为机械能的发明，这个发明预示着现代化电动机械的出现。

在大气电学方面，他第一个发现雷电是由电造成的。他用实验证明：雷电是自然现象之一，是大气中的强力放电现象，其原理类似莱顿瓶中的放电。为了把大气中的电驯服地引下地以供电学家研究，他做了一系列实验。

【细节描写】
这是富兰克林做的一次著名的试验，正是这次试验解释了雷电是释放静电的过程。

一天，雷雨来袭，富兰克林带着他的儿子到野外放一只“神奇的风筝”。风筝顶上安有一根尖铁棒，风筝绳子下面系一只铁钥匙，风把风筝送上高空的云层里。

不久，麻绳披散着的纤维开始抖动，他把手指靠近那只铁钥匙，火花向他手上飞来，电从云中引下来了，可以使莱顿瓶充电；用所得的电火，可以点燃酒精……富兰克林欣喜若狂。这证明了大气中的电荷和普通电荷的作用是一样的。消息一公布，引起了全世界科学家的重视。所以后来人们传说：“富兰克林把上帝与雷电分了家。”

在科学研究上的辛勤劳动和辉煌成果，使富兰克林同时获得哈佛大学和耶鲁大学授予的荣誉硕士学位。1752年，他被选为英国皇家学会会员，英国爱丁堡大学、圣妥德鲁大学和牛津大学先后授予他博士学位。

【解释说明】
为了国家的需要，富兰克林不得不中断科研，转向政治。

18世纪50年代，英法等西方殖民国家争夺美洲殖民地的斗争日益尖锐，富兰克林不得不把精力转到政治方面上来。

1754年，北美各殖民地的领导人在纽约州举行会议，商议殖民地的自卫办法，富兰克林是出席这次会议的宾州代表之一，他在会上提出了一个计划。

共同抵御外侮，殖民地组成联盟成立一个政府，由英国指派联盟的立法机关。虽然这个联盟计划流产了，但他是最先把美利坚合众国的大联合思想灌输给殖民地人民的。

1775 年 4 月 19 日，驻在波士顿的英军突袭波士顿北面的来克星顿和康克得，企图破坏当地人民的秘密军火库，当地军民奋起反击，自此北美独立战争开始。

富兰克林在对英的态度上表现得非常坚决，他割断了与英国的一切联系，用自己的财产支援革命战争。

【动作描写】

独立战争爆发后，富兰克林对英国态度坚决，献身于建国伟业。

富兰克林提任为宾州治安委员会主席，负责组织训练义勇军，采办军火，发行军需公债，用武力保卫宾州宪法。1775 年 5 月，他受宾州政府派遣参加了第二次大陆会议。

1776 年 7 月 4 日，第二次大陆会议通过独立宣言，宣布殖民地与英国分离，美洲成立独立的美利坚国家，当时，富兰克林是起草宣言的委员之一。

为了寄信便利稳妥和检查反叛者的信件，大陆会议决定改组邮政。富兰克林受命主管邮务司，他在任职后的短时间里便取得了显著的成绩。独立军总司令华盛顿给大陆会议写信说他临时集合的军队不易控制，加之缺乏给养难以维持前线的战斗。大陆会议派富兰克林等 3 人与华盛顿商议，实行了北美 13 州总动员，保证了独立战争的顺利进行。

独立战争需要欧洲方面的援助，富兰克林前往巴黎，向法国外交部送外交照会，提议同法国订立商务条约和同盟条约，促使法国参加反英战争。

【细节描写】

为了战争的胜利，富兰克林远赴欧洲去争取法国的支持。

富兰克林早为法国人民所熟悉，他到法不久，就博得了法国舆论对北美独立战争的同情，但法国政府对北美人民反英能否获胜没有信心。

他们一方面暗地贷款和输送军火给北美殖民地，秘密允许美国船在法国港口卸货；另一方面又在英国面前表示中立。富兰克林的使命极其艰巨。

1777 年 10 月，英国在萨拉托加战败，消息传到巴黎，法国舆论更主张和北美 13 州结盟。富兰克林借此对法国政府施加压力，法国当局最后决定同美国结盟，富兰克林完成了赴法使命。

【事件概述】

富兰克林最终促使法国和美国结盟，共抗英国，表现了他卓越的外交能力。

1778 年 2 月 6 日，英法两国不宣而战。法国和西班牙结盟后，西班牙和荷兰也站在美国方面，俄国也给年轻的美国以援助，这为北美人民独立战争的胜利提供了有利的国际条件。

富兰克林出使法国的外交成就，对美国人民争取自由独立的斗争起了重大的作用。

大陆会议派富兰克林等人组成和谈代表，经过1年多的努力，于1782年11月30日在巴黎签订了英美临时条约，第2年9月3日，英国承认北美13州的独立。

1785年7月，富兰克林赴法使命完成后，他取道英国回国时，受到英国人民群众的热烈欢迎。

【细节描写】真正的英雄会冲破国家间的隔阂，受到世界人民的尊敬。

八十高龄的富兰克林返回祖国后，立刻被宾州人民选为州长，他在任州长4年中采取了许多政权统一措施，还办了不少有利公众的事业。

1787年5月9日，在费城召开了宪法会议，制定美国宪法。这时富兰克林手足麻痹，但他仍以宾州代表的身份出席会议。

他是宪法起草委员会委员之一，美国宪法中的两院制，就是他为了调和各州的争执而提出来的。

1790年4月17日，这位美国爱国主义者、科学家、资产阶级思想家本杰明·富兰克林与世长辞了。

出殡的那天，送葬的群众达2万人，这是美国人民对他的深深崇敬。富兰克林在电学、地学、植物学、数学、化学方面都有许多贡献。但富兰克林很谦虚，他一直把自己当做一个印刷工人，并引以为豪，他为自己写的墓志铭是：“印刷工富兰克林”，只字未提他的科学研究成果。后人对他的谦虚品德，十分崇敬。

【总结】尽管富兰克林在各方面都作出杰出贡献，但他始终谦虚低调。

阅读与理解

【名师点拨】

本杰明·富兰克林被誉为“资本主义精神最完美的代表”，他是十八世纪美国最伟大的科学家和发明家，同时也是著名的政治家、外交家、哲学家、文学家和航海家以及美国独立战争的伟大领袖。他一生最真实的写照是他自己所说过的一句话“诚实和勤勉，应该成为你永久的伴侣。”

【回味思考】

1.富兰克林是如何度过青少年时光的？

2.富兰克林在哪些方面取得了伟大成就？

托　德

名师导读

圣诞节到了，小托德期待着收到礼物。果然，他收到了好多礼物，他最中意的礼物是什么？为什么呢？

【概括描写】交代托德的出生地与爱好，铺垫下文。

托德出生于苏格兰中南部的格拉斯哥，他从小就是一个化学实验迷。圣诞节又到了，小托德兴奋地想自己能收到什么礼物。最好能收到什么呢?他想着想着就迷迷糊糊地睡着了。第二天一大早托德就醒了，他记得妈妈说过如果他乖乖的，那么圣诞老人就会在夜里坐着雪橇来给他送礼物。"圣诞老人有没有来呢?"小托德好奇地想，顾不得穿好衣服就匆匆开门向楼下跑去。

【巧用修辞】运用拟人手法，使句子生动活泼。

壁炉里的火还旺旺的，屋子里暖洋洋的。高高的圣诞树立在客厅中间，那还是托德帮爸爸拖回来的呢。妈妈和他忙了半天才把圣诞树"打扮"得漂漂亮亮的。你看，绿色的树上挂满了五光十色的小灯泡，还挂着托德和妈妈亲手做的小星星，在灯光下一闪一闪的，好看极了。昨夜，亲戚们对这些都赞叹不已，尤其是劳里舅舅说要奖给托德一件特别的礼物。托德缠了他半天，可舅舅就是不告诉他是什么礼物，说圣诞老爷爷会告诉他的，让他自己猜礼物到底是什么，托德撅了半天嘴巴，可不一会儿就与表兄弟姐妹们玩得不亦乐乎了。现在，小托德看到树下有许许多多漂亮的礼品盒，高兴极了。他连忙跑过去，这是妈妈给的，这是爸爸给的，还有茹费尔姑姑的、穆里叔叔的……他看得眼花缭乱，先拿哪个礼物好呢?咦，劳里舅舅的礼物呢?他一下子找得手忙脚乱。

【心理描写】巧设悬念，引起下文。

"托德，亲爱的孩子，你怎么衣服都不穿好就跑出来了呢?"妈妈从房里出来看到托德正趴在礼品堆上找什么东西，看到他衣服也没穿好，就心疼而又略带责备地问他。托德不好意思极了，抬起头说："噢，妈妈，我正在找劳里舅舅的礼物呢。我是个乖孩子，所以圣诞老人给我送了这么多礼物。我太高兴了，所以……"妈妈走到他身边，拉起他的手，发现他的手有点凉："托德，你怎么不听话呢？身体冻坏了怎么办？不听话的孩子可没礼物啊。来，先回房穿好衣服。"托德祈求地望着妈妈："我可以把礼物带走吗？求你了，我太想知道礼物是什么了，妈妈。"妈妈不禁笑了，她拍拍托德的脸："你这孩子，好吧！"托德高兴地亲了妈妈一下："谢谢妈妈。"妈妈帮他一起把礼物抱回了房间。

【细节描写】这句话透露出托德的天真可爱，符合他的年龄特点。

托德穿好衣服就迫不及待地坐到地上拆开了礼物。这是书，这是姑姑亲手做的糖果，托德尝了一块，真甜。这是什么呢？哇，这个大盒子不是劳里舅舅送的礼物吗？托德兴奋地想会是什么呢？他飞快地把包装纸打开。哇，太棒了！是一只"家用化学箱"。托德禁不住高兴地叫了起来。他小心翼翼地打开箱子，里面放满了许多小纸盒。他拿起一个，打开一看，黄黄的这是什么呢？托德仔细看了一下盒盖，上面有"硫磺"二字，这就是硫磺啊，小托德还没见过硫磺呢。里面还有各种各样的小盒子：铁屑、木炭……小托德一时心花怒放："妈妈，快来看哪，劳里舅舅的礼物太棒了，我太喜欢了。"妈妈闻声过来，托德问道："妈妈，你看，现在我可以动手真正做实验了吧？"妈妈笑眯眯地说："好孩子，你可小心点，千万不要做危险的实验，不懂的地方要先问清楚，知道了吗？""知道了，我都9岁了，我知道书上说过有些实验很有趣，有些实验很危险，爸爸和你不是说要我好好学习吗？我已经长大了，现在我可以锻炼一下自己了。"

【语言描写】从侧面突出了小托德对化学的热爱。

阅读与理解

【名师点拨】

很多孩子在9岁的时候，还只会玩一些玩具，而托德在9岁时竟然想去做危险的化学实验，他对化学是多么热爱啊！正是怀着对化学的无比热爱，他将来才成为一个著名的化学家。

【回味思考】

1.劳里舅舅送了托德什么礼物？

2.托德喜欢劳里舅舅送的礼物吗？

苏格拉底

名师导读

苏格拉底甘于清贫，从不讲究吃穿，无论春夏秋冬，始终穿着一件普通的单衣，他唯一在乎的是专心致志地做学问。

【外貌描写】 老人虽然身着破烂，但镇定自若。刻画了他平静睿智的形象。

公元前399年6月的一个傍晚，雅典监狱中一位年届七旬的老人就要被处决了。只见他衣衫褴褛，散发赤足，而面容却镇定自若。打发走亲人后，他与几个朋友侃侃而谈，似乎忘记了就要到来的处决。直到狱卒端了一杯毒汁进来，他才关上“话匣子”，接过杯子，一饮而尽。之后，他躺下来，微笑着对前来告别的朋友说，他曾吃过邻人的一只鸡，还没给钱，请替他偿还。说完，老人安详地闭上双眼，睡去了。这位老人就是大哲学家苏格拉底。

苏格拉底既是古希腊著名的哲学家，又是一位个性鲜明、从古至今被人毁誉不一的著名历史人物。他的父亲是石匠和雕刻匠，母亲是接生婆。

【人物介绍】 苏格拉底喜欢读荷马史诗和诗作，靠勤奋努力成长为一名学者。

青少年时代，苏格拉底曾跟父亲学过手艺，熟读荷马史诗及其他著名诗人的作品，靠自学成了一名很有学问的人。他以传授知识为生，30多岁时做了一名不取报酬也不设馆的社会道德教师。许多有钱人家和穷人家的子弟常常聚集在他周围，跟他学习，向他请教。苏格拉底却常说：“我只知道自己一无所知。”

他的一生大部分是在室外度过的。他喜欢在市场、运动场、街头等公众场合与各色人谈论各种问题，如战争、政治、友谊、艺术、伦理道德等等。他曾三次参战，当过重装步兵，不止一次在战斗中救助受了伤的士兵。40岁左右，他成了雅典远近闻名的人物。

苏格拉底的学说具有神秘主义色彩。他认为，天上和地上各种事物的生存、发展和毁灭都是神安排的，神是世界的主宰。

他反对研究自然界，认为那是亵渎神灵的。他提倡人们认识做人的道理，过有道德的生活。他的哲学主要研究探讨的是伦理道德问题。

【细节描写】
圣人崇敬神灵，反对亵渎神灵的科学研究。这是苏格拉底消极的一面。

苏格拉底一生过着艰苦的生活。无论酷暑严寒，他都穿着一件普通的单衣，经常不穿鞋，对吃饭也不讲究。但他似乎没有注意到这些，只是专心致志地做学问。

苏格拉底教学生也从不给他们现成的答案，而是用反问和反驳的方法使学生在不知不觉中接受他的思想影响。请看一个他和学生问答的有趣的例子。

【细节描写】
圣人教授学生时采用反问与反驳的方式，循循善诱地引导学生接受他的思想，这点倒和孔子、孟子很像。

学生：苏格拉底，请问什么是善行？

苏格拉底：盗窃、欺骗、把人当奴隶贩卖，这几种行为是善行还是恶行？

学生：是恶行。

苏格拉底：欺骗敌人是恶行吗？把俘虏来的敌人卖做奴隶是恶行吗？

学生：这是善行。不过，我说的是朋友而不是敌人。

苏格拉底：照你说，盗窃对朋友是恶行。但是，如果朋友要自杀，你盗窃了他准备用来自杀的工具，这是恶行吗？

学生：是善行。

苏格拉底：你说对朋友行骗是恶行，可是，在战争中，军队的统帅为了鼓舞士气，对士兵说，援军就要到了。但实际上并无援军，这种欺骗是恶行吗？

学生：这是善行。

这种教学方法有其可取之处，它可以启发人的思想，使人主动地去分析、思考问题。他用辩证的方法证明真理是具体的，具有相对性，在一定条件下可以向自己的反面转化。这一认识论在欧洲思想史上具有巨大的意义。

苏格拉底主张专家治国论，他认为各行各业乃至国家政权都应该让经过训练，有知识才干的人来管理，而反对以抽签选举法实行的民主。他说：管理者不是那些握有权柄、以势欺人的人，不是那些由民众选举的人，而应该是那些懂得怎样管理的人。比方一条船，应由熟悉航海的人驾驶；纺羊毛时，妇女应管理男子，因为她们精于此道，而男子则不懂。他还说，最优秀的人是能够胜任自己工作的人。精于农耕便是一个好农夫；精

【解释说明】
苏格拉底的政治主张在当时具有进步意义，深深影响了后世欧洲。

通医术的便是一个良医；精通政治的便是一个优秀的政治家。

公元前404年，雅典在伯罗奔尼撒战争中失败，“三十僭主的统治取代了民主政体。”三十僭主的头目克利提阿斯是苏格拉底的学生。据说，一次克利提阿斯把苏格拉底叫去，命令他带领四个人去逮捕一个富人，要霸占他的财产。苏格拉底拒不从命，拂袖而去。他不但敢于抵制克利提阿斯的非法命令，而且公开谴责其暴行。克利提阿斯恼怒地把他叫去，不准他再接近青年，警告他说：“你小心点，不要叫我们不得不再减少羊群中的一只羊。”苏格拉底对他根本就不予理睬，依旧我行我素。

【动作描写】面对凶残的独裁者，苏格拉底拒不从命，抵抗暴政。表现了他藐视权贵、不畏强权的人物形象。

后来，“三十僭主”的统治被推翻了，民主派重掌政权。有人控告他与克利提阿斯关系密切，反对民主政治，用邪说毒害青年。苏格拉底因此被捕入狱。按照雅典的法律，在法庭对被告判决以前，被告有权提出一种不同于原告所要求的刑罚，以便法庭二者选其一。苏格拉底借此机会发表了慷慨激昂的演说，他自称无罪，认为自己的言行不仅无罪可言，而且是有利于社会进步的。结果，他被判了死刑。在监狱关押期间，他的朋友们拼命劝他逃走，并买通了狱卒，制定了越狱计划，但他宁可死，也不肯违背自己的信仰。就这样，这位70岁的老人平静地离开了人间。

【动作描写】临危之时，圣人依然宣扬自己的学说。刻画了圣人为了真理视死如归的英雄形象。

阅读与理解

【名师点拨】

苏格拉底是古希腊著名的思想家、哲学家，教育家，他对欧洲的影响犹如孔子对中华文化。他和他的学生柏拉图，以及柏拉图的学生亚里士多德被并称为“古希腊三贤”，是西方哲学的奠基者。苏格拉底曾有机会逃走，但他认为逃亡只会进一步破坏雅典法律的权威，也担心他逃亡后雅典将再没有好的导师可以教育世人了。

【回味思考】

1. 面对凶狠的独裁者，苏格拉底是如何做的？

2. 圣人苏格拉底是如何被害死的？他为什么不选择逃走？

爱迪生

名师导读

好奇心强、勤于思考和实践的爱迪生，在一次一次试验中，发明了电灯。可见，成功离不开艰辛的付出和努力。

爱迪生是世界有名的发明大王，他一生发明的成果大约有两千种，像留声机、电灯、电影等等。爱迪生对人类的贡献很大，在世界科学发展史上，他的名字像一颗明亮的星，永远闪耀着光辉。

【人物介绍】爱迪生是伟大的发明家，他的发明深深地影响了世界。

爱迪生1847年生于美国，他从小不爱说话但非常好动脑筋，对周围的一切事物，都充满了好奇心。有一次，他看见母鸡在孵小鸡，也想试一试，就一整天趴在一堆鸡蛋上不动窝。当爸爸找到他拉他起来时，他还一个劲地问："为什么母鸡能孵出小鸡，我就不能呢？"

七岁上小学时，在课堂上，爱迪生经常向老师问这问那，问得老师回答不出来。老师不喜欢他，骂他是"傻瓜"，让妈妈把他领回家。爱迪生的妈妈当过教师，决定自己教他。在妈妈的耐心指导和帮助下，爱迪生学习英语、算术、化学、地理、历史等课程，他最喜欢的是化学，并想方设法找化学书看，把攒下的零用钱全部用来买实验用具，在家里的地窖里做实验。

【动作描写】爱迪生小时候对任何事物都充满好奇，在旁人看来是小傻瓜。

12岁时，为了挣点钱补贴家用，爱迪生到火车上去卖报。他不愿让空余时间白白浪费，经过老车长同意，在行李车上的一个角落做化学实验。

有一天，列车在高低不平的轨道上飞快地奔驰，一瓶白磷被震翻在地上。白磷是一种易燃品，顿时，车厢里烟火弥漫，着起火来了。老车长闻讯赶来，带领大家七手八脚地灭火。经过一番紧张的搏斗，火总算扑灭了。老车长火冒三丈，狠狠地骂了爱迪生一顿，还打了他一个重重的耳光，他的右耳膜被震破了，从此聋了一只耳朵。爱迪生长大以后，在科技研究领域不断发现，不断创新。

【动作描写】

爱迪生的右耳被打聋，但这没影响到他在科学的道路上前进。

1887 年，他开始做电话机的试验。一天，他发现送话器里的炭质薄膜随着声音的颤动而振动，说话的声音大，薄膜振动也大，他找来一根细针，一头固定在薄膜上，让针尖接触手指。当他对着送话器讲话时，针尖随着声音也相应地振动。这一发现使爱迪生马上联想到：如果声音颤动变成机械振动，用针尖记录下来那人的声音不就能贮存起来吗？反过来，让针尖带动薄膜重新振动，声音就能放出来呀！他被这美妙的设想所吸引，马上动手，功夫不负有心人，一架十分奇妙的“留声机”被他制造出来。

【心理描写】

爱迪生对身边小事产生浓厚兴趣。刻画了他勤于思考，善于联想的性格。

紧接着，爱迪生又花了 13 年的时间，研制成功了电灯。为

了寻找灯泡里的灯丝材料，他前后研究了1600多种矿物和金属材料，试用了6000多种植物纤维。在研究电灯的过程中，爱迪生常常连续工作24小时到36小时，摘记资料200册，总页数达四万以上，最终研制出亮度强，寿命长的电灯，给千家万户带来了光明。人们永远不会忘记它的发明人——爱迪生。

【动作描写】

在探索电灯的路上，爱迪生付出了艰辛的努力。他的经历启迪我们，任何成就都是努力的结果，没捷径可走。

阅读与理解

【名师点拨】

爱迪生是举世闻名的美国电学家，被誉为“世界发明大王”。他除了在留声机、电灯、电报、电影、电话等方面的发明和贡献以外，在矿业、建筑业、化工等领域也有不少著名的创造和真知灼见。1892年他创办通用电气公司。他是有史以来最伟大的发明家，迄今为止，世界上没有一个人打破由他所创造的专利数世界纪录。

【回味思考】

1.爱迪生是如何获得巨大成功的？

2.爱迪生发明电灯的过程说明了什么？

3.他的经历给我们什么启示？

伽利略

名师导读

伽利略因为对吊灯产生兴趣，从而发现机械摆动规律，最终发明了温度计和望远镜。他是怎么做到的？让我们一起来读读吧！

【人物介绍】

伽利略是16世纪欧洲最伟大的物理学家、发明家、天文学家。

伽利略是意大利人，是著名的物理学家、天文学家。他发明了温度计及最早的望远镜。他是一个极其善于思考的人。

伽利略自幼就是一个忠诚的天主教徒，每个星期都要到教堂去做礼拜。意大利的教堂，一般都是非常讲究的建筑。有一天，黄昏时刻，伽利略到比萨大教堂去做礼拜。这是意大利最大、最豪华的教堂，高大宽敞，金碧辉煌。但当时还只是用油点燃的灯。吊灯是用很长的吊竿从天花板上悬挂着吊起来的。点灯的人碰着它或者是风吹进来的时候，这些灯就会像钟摆一样来回摇摆。

这天做礼拜的人很多。虔诚的教徒们都在专心地听讲圣经。忽然，一阵风从外面吹进来，悬挂在教堂半空中的铜吊灯就摆动起来，晃来晃去的，这引起了伽利略的注意。他盯了这些吊灯很久，注意观察这些吊灯晃动摇摆的规律。他发现，不论吊灯摆动的幅度有多大，摆动的时间总是相等的；他看到，悬挂在长度相同的竿子上的灯，来回摆动的时间是一样的；而挂在比较短的竿子上的灯，比挂在较长的竿子上的灯摆动得快一些。伽利略望着它们不停摆动，若有所思。忽然，又一阵比较大的风吹进来，吊灯大幅度地摆动起来。伽利略用右手腕上的脉搏开始数数：一、二、三……一共是二十下。当吊灯的摆动幅度变小时，他又重复了刚才的方法，结果每次摆动仍是二十下。他得出了结论：吊灯的摆动和摆动幅度的大小是没有关系的。

【细节描写】

伽利略观察细致入微，发现了机械摆动规律，为发明钟表奠定基础。

回到家以后，伽利略心里还在想着吊灯的事。他到自己的房间里，开始试验起来。他找来一些绳子，把它们剪成长短不同的小绳子，然后都从天花板上吊下来，每根绳子的下端都拴了砝码或重物，每根绳子就成了一个摆。接着他摆动绳子，使它们就像教堂里的吊灯一样摆动。他发现摆动一次所用的时间，跟所吊的物体的重量没有关系，而和摆的长度有关系。

【动作描写】
伽利略不仅善于思考，还亲自动手做实验，这是每一位科学家成功的必由之路。

经过长时间的试验，他发现，绳子越长，摆动得越慢，摆动一次所需要的时间就越长；相反的，绳子越短，摆动得越快，摆动一次所要的时间就越短；如果绳子的长短一样，那么每次摆动所需要的时间也就一样。这就是伽利略发现的“摆的等时性定律”。

现在的钟摆和手表上时针、分针与秒针的原理，就是根据伽利略的这个“摆的等时性定律”而来的。

后来，伽利略又根据这一定律，发明了测量脉搏的“脉搏器”。

伽利略是一个勤于思考的人，他每时每刻都在思考问题，总在探索事物的道理。因此，他自幼就开始发明创造，一生对世界科学做出了巨大的贡献。

【总结】
伽利略对世界科学的发展做出了巨大贡献，这和他勤于思考，不断探索有密切的关系。

阅读与理解

【名师点拨】

伽利略是一位伟大的物理学家、天文学家和哲学家，近代实验科学的先驱者。伽利略改进望远镜后人们争相传颂：“哥伦布发现了新大陆，伽利略发现了新宇宙”。今天，另一位科学家史蒂芬·霍金说：“自然科学的诞生要归功于伽利略，他这方面的功劳大概无人能及。”

【回味思考】

1. 伽利略是如何发现摆动等时的规律的？
2. 伽利略为什么能在科学界取得如此傲人的成绩？
3. 伽利略的故事给你哪些启示？

法 拉 第

名师导读

为了筹集实验所需的化学品，法拉第到药房拣别人扔掉的小瓶换钱，用日常省下的零花钱买一些便宜的药片。

【细节描写】

许多科学家的经历启迪我们，尽管许多人从小没有受过很好的教育，但他们从不放弃，勤学不辍，最终成才。

法拉第出生在英国一个铁匠家里，他 12 岁时就进了里波先生开的铺子当小学徒。

法拉第手脚勤快，聪明伶俐，里波先生很喜欢他，就让他住在店堂楼上的小阁楼里，学习装订书籍的手艺。法拉第学得很快，又非常勤奋，装订手艺很快就赶上师傅了。

以前，法拉第送报的时候都偷空读报，现在装订图书，就更不放过了。他第一次看的是《一千零一夜》，书里那些有趣神奇的故事把他迷住了。

从此，每一本经过他装订的书，他都要仔细地读一遍。每天晚上收工以后，法拉第就坐在工作台前，聚精会神地看书。他边看边记，看到好的插图，还临摹下来。

最使他入迷的是《大英百科全书》和《化学漫谈》。

通过看书，法拉第知道一根玻璃棒在毛皮上摩擦几下能吸起纸屑，这就是“电”。《大英百科全书》中还说，可以把电储存起来，储存多了就可以“啪”地一下放出火花，像天上的雷鸣闪电一样。法拉第看着这些，渴望亲自动手做实验弄懂这些科学道理的心情愈加强烈起来。

【承上启下】

做实验需要钱，法拉第是如何克服种种困难的？

可是，做实验要有仪器和药品，穷学徒哪来的钱呢？

法拉第并不灰心，他一有空就到药房去拣人家扔掉的小瓶子，用省下的零花钱买一点便宜的药品。他抱着药品和小瓶子，兴冲冲地把小阁楼装备成实验室。

每天晚上一下工，法拉第就钻进那间阁楼实验室，点上一支蜡烛，开始做实验。他面前摆着一个本子，本子上面都是用工整

的小字抄录的《大英百科全书》和《化学漫谈》上的电学和化学实验步骤。书上说，把锌放到盐酸里，能放出一种可以燃烧的气体。法拉第照着做了。果然，“扑”的一声，烧起来了，冒出蓝色的火苗。书上说，玻璃瓶里外敷上锡箔，充电以后，可以产生强烈的放电。法拉第照着做了，“啪！”真的是一个闪亮的火花。啊，法拉第明白了雷电是怎么回事。他高兴得如痴如狂，拍着手在小阁楼上又跳又叫：“成功了！我成功了！”

【神态、语言描写】法拉第为实验的成功欣喜若狂，为揭开自然界奥秘而高兴。

这时已经是半夜时分，周围的邻居听到声音都担心地议论：“那孩子深更半夜又叫又笑，莫不是精神病吧？”“那孩子中了邪，他在玩鬼火哪！”这些话传到里波耳朵里，他也担心起来。

法拉第知道后，就拉着老板上了阁楼，说：“我是照着书上讲的做实验，请你看看！”说完，他开始动手做实验，奇迹在他手里出现了！红的变蓝，蓝的变红，烟雾、火花，“砰砰，啪！”里波先生明白了，法拉第是在勤奋学习，不是在瞎玩。他拍着法拉第的肩膀说：“孩子，你这是在做科学实验，可千万要小心，注意安全呀。”

【总结】法拉第正是靠着这种勤于探索的精神，在科学的道路上不断攀登。

法拉第坚持不懈地研究科学知识，后来终于发现了电磁感应现象、电解定律等，为科学做出了巨大贡献。人们称他是“世界上最伟大的电学家”。

阅读与理解

【名师点拨】

法拉第发现了电磁感应，即当用线圈切割磁力线时会产生电流。他根据这一原理，制成了第一台发电机。当周围有人嘲笑这样的发电机有什么用时，法拉第反问道：“新出生的婴儿有什么用？”时间证明，他的发明促进了人类文明，深深地影响了世界。

【回味思考】

法拉第是如何在艰苦的条件下获取科学知识的？

恺　撒

名师导读

恺撒虽然得到消息有人要刺杀他，但仍义无反顾地大踏步走进元老院，没有带一个侍卫，也没有卫队。他从容地坐在黄金宝座上，冷峻的眼光扫过所有的人。

恺撒出身于罗马的名门贵族，年轻时就渴求取得罗马的最高权力。为此他学习演讲和写作技巧，后来成为一位出色的演说家。他的努力使他成为当时知识最渊博的人物之一。他初生牛犊不怕虎，年轻时就敢于控告罗马总督贪污腐败，为此他赢得了极高的声誉。

【细节描写】恺撒为了成为出色的演说家，坚持不懈地练习写作和演讲。

当时的罗马处于共和时代的后期，元老贵族和民主派之间斗争尖锐。享有公民权的只是罗马城内的奴隶主和自由民，而城区以外，意大利各地和海外行省的自由民却享受不到罗马的公民权，但却要担负着和罗马自由民一样的义务。恺撒接近平民，进行着反对元老贵族的活动，这样他在平民中的声望越来越高。

公元前60年，他和罗马另外两个统帅庞培和克拉苏结成反对元老贵族的秘密同盟，这是罗马历史上有名的三头同盟。为了巩固这一同盟，恺撒把自己的女儿嫁给了庞培，尽管她当时已与别人订过婚。第二年，恺撒当选为执政官，第三年，恺撒担任高卢行省的总督。

在高卢，恺撒征服了骁勇强悍的高卢民族，不到10年时间，他占领了800多个城市，歼灭和俘虏了200万人，使高卢成为罗马的行省。恺撒还将罗马的边境推进到莱茵河岸。不久，他又两次越过海峡攻入不列颠岛(现在的英国)。

【动作描写】恺撒不仅拥有出色的演讲能力，也是位杰出的统帅。

恺撒的显赫战功和卓越的军事才能，使他在罗马人中的威望日益高涨。这引起庞培的嫉妒和不安。克拉苏远征波斯的时候战死了，庞培便利用自己的权力，颁布法律，要解除恺撒的兵权，命令他立即从高卢返回罗马。恺撒知道这是庞培的阴谋，他经过深思熟虑，决定带领军队打回罗马，趁机夺取罗马的最高权力。

【心理描写】 雄心勃勃的恺撒具有深远的战略眼光，当然也有对权力和成功的野心。

公元前49年初，恺撒率师打回罗马。庞培没有料到恺撒会如此果断进攻罗马，他迎战不及，仓皇逃往希腊。恺撒进入罗马，成为罗马的“独裁者”，随后又得到统治整个意大利半岛的权力。第二年恺撒率军进攻希腊，讨伐庞培。庞培被打败，逃到了埃及，恺撒也追到埃及。埃及国王为讨好恺撒，派人刺杀了庞培。埃及国王把庞培的首级和戒指献给他。看着庞培苍白而熟悉的面孔，恺撒流出既感伤又欣慰的泪水。

【神态描写】 面对曾经的盟友的首级，恺撒悲喜交加，刻画了他性格中重情重义的一面。

恺撒的权力越来越大，渐渐走向军事独裁，这引起了部分固守罗马共和传统的元老贵族的严重不满，他们不是为了人民的自由，而是为了他们自己的利益，组织起一个阴谋集团谋杀恺撒。

公元前44年3月15日，恺撒只身一人到元老院开会。虽然有人事先警告他这天有人要暗杀他，但他没带卫队，他认为那是胆小鬼干的事。他从容地坐在他的黄金宝座上，笑着说：“今天不就是3月15日吗？”一个刺客假装恳求他办某件事，抓住他的紫袍，这是行动的暗号。所有阴谋者一拥而上，刀剑像雨点般落在他的身上。恺撒看到了布鲁图——他的义子，向他扑来，给了他致命的一刀。恺撒用最后的一点力气说了最后一句话：“你也在内吗，我的孩子？”他的身上中了23刀，其中3刀是致命的。他在他的旧敌庞培的雕像底座前倒地身亡。

【讽刺】 两位帝国枭雄都曾是叱咤天下的英雄，都有悲惨的结局。

阅读与理解

【名师点拨】

恺撒是罗马帝国的奠基者，虽然他没有当过皇帝，但史学家仍把他称为恺撒大帝。恺撒被刺杀后，继任者是他的外甥兼养子渥大维。渥大维处死了所有参与刺杀恺撒的凶手们。

【回味思考】

恺撒和庞培之间有哪些矛盾？他们的命运有什么相同之处？

亚历山大

名师导读

亚历山大平复了国内的叛乱后，开始把眼光投向东方的波斯帝国。公元前331年，亚历山大率领马其顿大军远征波斯。

亚历山大从小兴趣广泛又聪明勇敢，12岁时曾驯服过别的骑手不能驾驭的烈马。13岁到16岁，他的父亲为他聘请了当时希腊“最博学的人”亚里士多德做家庭教师，他向老师学习了哲学、医学、科学等各方面的知识。他最喜欢的书是《伊利亚特》，他一心想向阿喀琉斯学习，创下辉煌的伟绩。腓力二世被害后，希腊被征服的城邦认为这是摆脱马其顿帝国控制与奴役的天赐良机，他们纷纷起义暴动，但年轻的亚历山大在短短的两年里就平息了骚乱。为了维持庞大的军队以镇压希腊各城邦的反马其顿运动，为了实现自己征服世界的野心，亚历山大把目光放向了领土辽阔、资源丰富、财富滚滚的波斯。

【细节描写】阿喀琉斯是希腊不可战胜的勇士，亚历山大渴望成为那样的人。

公元前334年的春天，亚历山大率领35000人的大军和160艘战舰，开始了远征东方的行动。行前，他把自己的所有地产收入、奴隶和畜群分赠给人。一位大将迷惑地问道：“请问陛下，您把财产分光，给自己留下什么？”“希望。”亚历山大说，“我把希望留给自己，它将给我无穷的财富！”将士们被亚历山大的雄心所激励，他们决心随他到东方去掠夺更多的财富。亚历山大率领部队首先占领了小亚细亚，消灭了那里少量的波斯军队；然后他又挥师北上，向叙利亚进军。在伊苏城，他打败波斯王大流士三世，并俘获他的母亲、妻子和两个女儿。看着大流士豪华的宫殿，亚历山大赞不绝口：“这样才像个国王！”接着，亚历山大向南进军叙利亚和腓尼基，又派手下大将攻占了大马士革，从大流士的军械库里获得大量战利品。他亲自率领部队南下，经过7个月的艰苦战斗，攻下了推罗城，把推罗城的3万居

【语言描写】刻画了亚历山大高瞻远瞩，深谋远虑，以及他超凡的自信。

民卖为奴隶。

【动作描写】

亚历山大在征服波斯帝国的同时，强夺无数的财富，摧毁了波斯文明。

公元前331年，亚历山大率军穿过美索不达米亚北部，在高加米拉平原和波斯进行生死决战。大流士三世败退，被自己的部下杀死。亚历山大在巴比伦、苏萨、波斯波利斯和埃克巴坦各波斯王宫，掠夺的金银财富达15万塔兰特。公元前330年，亚历山大彻底击败了大流士的继位人，征服了整个波斯帝国。公元前327年，亚历山大率领军队离开中亚，南下侵入印度，在印度河谷建立了两座亚历山大城，迅速占领了西北印度的广大地区。他想进一步征服印度的心脏地带，向恒河流域进发。但此时亚历山大的士兵已厌倦了长期的紧张战争，再加上印度的炎热、暴雨和疾病，他们拒绝前进，要求回家。他们纷纷举行集会，发生哗变，印度的土著居民也群起反击。亚历山大在万般无奈的情况下，于公元前325年将大部队撤出印度。

【事件概述】

亚历山大雄才大略，试图征服世界，但部下们已经厌恶了战争。

公元前324年初，两路大军会师在巴比伦境内的奥皮斯城。由于长途跋涉，亚历山大的部队损伤极大。将近10年的亚历山大远征，终于结束了。亚历山大将巴比伦作为首都，他建立了一个庞大的帝国。

阅读与理解

【名师点拨】

亚历山大大帝是世界古代史上著名的军事家和政治家。他足智多谋，雄才大略，短短13年就建立了马其顿帝国，消灭了波斯帝国，建立了横跨欧亚非三大洲的庞大帝国，创下了前无古人的辉煌业绩。他促进了东西方文化的交流和经济的发展，对人类社会的进展产生了重大的影响。

【回味思考】

1. 亚历山大从小就有哪方面的过人本领？
2. 亚历山大征服了哪些国家和地区？
3. 你知道关于亚历山大的丰功伟绩吗？

约瑟夫·海顿

名师导读

在海顿生命的尽头，他认识到亨德尔清唱剧的伟大而备受鼓舞，挣扎着病弱的身躯创作了两部伟大的清唱剧，为后人留下了两部经典名作。

尽管人们已经很难想起"海顿爸爸"(音乐家们也是这么称呼他的)当时的音容笑貌，但约瑟夫·海顿无疑是"维也纳古典乐派"著名的三驾马车中的第一个代表人物。值得注意的还有，这位艺术家应该算是一位自学成才者。而更值得钦佩的是，尽管他一生中的绝大部分时间一直生活在贵族王宫的环境里，但他喜欢从民间生活中汲取各种各样的音乐素材。

【外貌描写】

约瑟夫·海顿是奥地利著名的作曲家，有"交响乐之父"的美誉。

海顿8岁时被维也纳圣斯蒂芬大教堂接纳为唱诗班歌童，可是等到长大成人，他却陷入了可怕的贫穷之中。无奈之下，他只得经常去各种酒店弹琴以维持生计。当创作的第一部交响曲获得成功后，他担任了莫尔津伯爵的音乐总监。1760年之后，他开始在艾森施塔特的埃斯泰尔哈济亲王宫廷内工作。海顿对自己工作日的安排极为严格。他上午作曲，下午与乐队排练自己新创作的音乐作品，到了晚上就为宫廷里的社交活动演奏。他为王公贵族们服务了一辈子。直到埃斯泰尔哈济亲王去世后，他才得以摆脱依赖王宫薪俸的状况，可以自由行动，从而成了真正意义上的自由艺术家。后来他移居维也纳，并有了多次旅行的机会，去了法国，还去了英国。他在英国牛津大学获得了名誉博士学位的头衔，成了世界名人和有钱人。尽管有一个喜欢争吵的妻子和他共同生活，但海顿天性乐观，具有男子气概，言谈举止中充满幽默感。

【动作描写】

每一个成功者都十分珍视时间，这一点值得小读者学习。

约瑟夫·海顿创作了数以千计的音乐作品，体裁多种多样，有104部交响曲，24部歌剧，大量的弦乐三重奏与弦乐四重奏、器乐协奏曲和独奏器乐作品。他的这些作品(尽管有时作品之

间的艺术价值有点参差不齐)不断地跃升为古典音乐的典范。海顿的音乐有很多采用了民族音乐的音调(包括斯拉夫音乐的音调),而且很明显是以所谓的曼海姆乐派的作曲家(尤其是施塔米茨)作品为出发点的。从艺术作品结构的角度看,海顿的音乐特别在交响曲和弦乐四重奏作品中有了开拓性的发展,形成了成套成组的古典作品(在第一乐章和第四乐章中采用了主题,在第二乐章和第三乐章中采用了抒情和默念的表达方式)。海顿在他的弦乐四重奏中还给予所有声部以同等重要的地位。在他生命快要走到尽头的时候,由于认识到亨德尔清唱剧的伟大而深受鼓舞,于是创作了两部伟大的清唱剧《四季》和《创世纪》。在这两部声乐体裁作品中,他总结了自己一生的创作经验,创造性地发展了清唱剧的体裁。他的歌剧作品也是成功的。他的一些交响乐是根据它们的实

【动作描写】

生命不息,创作不止,在生命的最后时刻,海顿依然创作了伟大的作品。

际情况命名的:《牛津交响曲》是因为这位作曲家是在牛津获得的名誉博士学位;其他类似的如《鼓声》、《布拉格》、《军队交响曲》、《狩猎》、《儿童交响曲》,它们是根据交响乐队使用的乐器等命名的。不过它们并不是作曲家给音乐会节目单取的名字。海顿的音乐极大地影响了交响乐的发展。

【总结】

海顿一生勤勉,创作无数经典乐曲,极大地促进了交响乐的发展。

阅读与理解

【名师点拨】

虽然海顿生活在上层社会,但他非常喜欢和穷苦人接触。他性格开朗,生活乐观向上,并把这些元素都融入到作品中。他创作的音乐语言朴素、简洁、平易近人,感情明朗,乐观,有旺盛的生命力。

【回味思考】

1.海顿喜欢和社会底层的人们在一起,这刻画了他怎样的人物性格?

2.海顿创作了哪些经典的曲目?他对世界交响乐有什么影响?

卡 皮 查

名师导读

1934年底，苏联政府决定建立物理研究所，在物理领域颇有建树的卡皮查自然就成了研究所的负责人。

【细节描写】

卡皮查的家庭学术气氛浓厚，为他奠定良好的基础。

卡皮查出生在俄罗斯喀琅施塔特一个军事工程师的家庭。父亲博学多才，母亲是文学爱好者，外公是数学家、天文学家和大地测量学家。卡皮查在普通中学念了一年书以后，就进入喀琅施塔特的实验中学。1912年他中学毕业之后，考取了圣彼得堡工学院。

他自幼勤奋好学，喜欢旅游。19岁那年，他带了照相机去北方，到过白海边。旅途中他仔细观察，增长了不少见识。1913年10月，圣彼得堡工学院邀请了当时很著名的物理学家、研究光量子论实验论证的约费为客座教授。约费教授一到校，就发现了卡皮查学习勤奋，才识出众。

【动作描写】

和许多伟大的科学家一样，卡皮查也善于思考，突破常规。

1914年第一次世界大战爆发，正是大学三年级学生的卡皮查应征入伍，担任救护队的司机。过了两年，他复员回学院，约费教授便吸收他参加实验室工作。他第一次参加科研工作，需要用石英去拉细丝。他很快就想出了一个独特的拉丝方法。他在狭长的走廊上铺了块丝绒布，拿来玩具弓箭，把箭镞放在熔化的石英里，然后一拉，一条细丝就落在丝绒布上了。

1921年，卡皮查进入剑桥大学的卡文迪许实验室。这个实验室当时已是世界上最主要的物理研究中心之一，由卢瑟福领导。卡皮查受卢瑟福的委托，研究α粒子。从1922到1923年间，他先后发表20余篇有关超强力磁场的论文。这是他学术研究成效卓著的两年。卢瑟福及其他英国物理学家对他评价很高。不久，他被委任为卡文迪许实验室副主任。在实验室里，卢瑟福做实验方法简便，效果很好。卡皮查从中得到了很大的启发。卢瑟福成了卡皮查的良师益友。

有一次，一家英国工厂请他去检修一部机器的发动机，当面讲定修好后付酬金一千英镑。他先检查了一下机器，然后叫人拿来一把榔头，他拿起榔头对准主轴承敲了一下，机器就能运转了。这时，那个英国人有点后悔了：难道只敲一下，就值一千英镑吗？这时，卡皮查风趣地说："实际上敲一下，只要付一英镑就足够了，但另外付999英镑，是因为要知道应该敲在哪个部位上。"

【语言描写】
这句话有另外一层深意：知识就是力量。刻画了卡皮查风趣、幽默的一面。

1934年卡皮查回国。同年12月底，前苏联政府决定在莫斯科建立物理研究所，他成了这个研究所的负责人。这时，他继续研究超强力磁场和改进取得液态氦的技术。他领导研究所的工作，一贯以身作则。他认为，一个领导者如果站得远远的，工作是绝对领导不好的。卡皮查在自己的别墅中办起了家庭实验室。他在实验室里既当电工，又当钳工，还当木工、铣工。平日深居简出，工作十分繁忙。他的生活虽然十分紧张，但很有规律。

【细节描写】
身为研究所负责人，卡皮查事事亲力亲为。刻画了他勤奋刻苦的一面。

有一次，他收到了斯大林寄来的《苏联社会主义经济问题》一书，向他征求意见。卡皮查读完这本书以后，写了整整17页的信给斯大林，指出斯大林把社会主义发展规律和自然规律弄混淆了。斯大林看了意见以后，并没有生气，还多次打电话同他联系，相互交谈。

阅读与理解

【名师点拨】

卡皮查是苏联人，但一直在英国做研究工作。1934年，他在一年一度的回家度假后，就再也没有回来，英国人就猜测他是被苏联当局扣留了。事后证明，科学家是自愿的！卡皮查还是一位有良知的科学家，当苏联要求他研制原子弹时，他断然拒绝，后被苏联软禁。不过在后来的太空项目上，卡皮查依然热情地投入火箭的研发工作上。

【回味思考】

卡皮查成功的主要因素有哪些？

柏拉图

名师导读

苏格拉底被处死后，柏拉图再也不想待在雅典了，他游遍天下，到处宣扬老师的政治主张，还曾一度沦为奴隶。

【人物介绍】
柏拉图从小受过良好教育，接触了各种思想。

柏拉图出身于雅典一个大贵族家庭。“柏拉图”大概是个雅号，古希腊文中的意思是“身体粗壮、结实”。他本名亚里斯托克勒斯。柏拉图生于伯罗奔尼撒战争期间，青年时期和其他贵族子弟一样受过良好的教育，并接触到当时的各种思潮。

对柏拉图一生影响最大的人是苏格拉底。柏拉图 20 岁时拜苏格拉底为师，跟他学习了 10 年，直到苏格拉底被雅典民主派处死。老师的死给了柏拉图沉重的打击，他同自己的老师一样，反对民主政治，认为一个人应该做和他身份相符的事。农民只管种田，手工业者只管做工，商人只管做生意，平民不能参与国家大事。苏格拉底的死更加深了他对平民政体的成见。他说，我们做一双鞋子还要找一个手艺好的人，生了病还要请一位良医，而治理国家这样一件大事竟随便交给什么人，这岂不是荒唐？

【反问句】
柏拉图认为国家不能让平民来治理，反对民主政体。这种思想是消极的。

老师死后，柏拉图不想再在雅典待下去了。他要继承苏格拉底的遗志，传布苏格拉底的思想。28 岁至 40 岁期间，他都在海外漫游，先后到过麦加拉、埃及、南意大利、西西里等地，他边考察边宣传他的政治主张。公元前 387 年，他到了西西里岛的叙拉古城，想说服叙拉古僭主狄奥尼修一世建立一个由哲学家管理的理想国，但目的没有达到。返回途中时据说曾沦为奴隶，他的朋友花了许多钱才把他赎回来。

柏拉图到雅典后，于前 386 年在雅典近郊阿卡德米体育场开办了一所学园，世称“柏拉图学园”。他在学园里一边教学，一边写著作。他的学园门口挂着一个牌子：“不懂几何学者免进”。从中可知，没有几何学的知识是不能登上柏拉图的哲学殿堂的。这

个学园成为古希腊重要的哲学研究机构，开设了四门课程：数学、天文、音乐、哲学。柏拉图要求学生不能生活在现实世界里，而要生活在头脑所形成的观念世界里。他形象地说："画在沙子上的三角形可以抹去，可是，三角形的观念，不受时间、空间的限制而留存下来。"柏拉图深知学以致用的道理，在他的学园里按照他的政治哲学培养了各方面的从政人士。他的学园又被形象地称为"政治训练班"。此后，前367、前361年柏拉图又两次前往西西里，均是受叙拉古新登基的僭主狄奥尼修二世的邀请而去，但两次均败兴而归，未能传播他的政治主张。

【细节描写】
柏拉图善于引导学生，启发学生们在学习过程中发挥想象力。

柏拉图一生留下了许多著作，多数以对话体写成，常被后人引用的有：《辩诉篇》、《理想国》、《智者篇》、《法律篇》等。《理想国》是其中的代表作。

【解释说明】
柏拉图著述颇丰，这些著作集中表现了柏拉图的思想，是欧洲古典哲学的基石。

"理念论"是柏拉图哲学体系的核心。他认为物质世界之外还有一个非物质的观念世界。理念世界是真实的，而物质世界是不真实的，是理念世界的模糊反映。我们可以以美为例来理解柏拉图所说的感觉世界、理念世界和人的思想认识三者的关系。柏拉图认为：世间有许多类事物，当你判断它是否为美时，心中必然已有了一个美的原型，这个美的原型又来源于理念世界中存在的那个绝对的美。任何美的事物都无法与美的原型相比，前者不过是对后者的一种模仿。美的事物有千千万，而美的原型或理念的美却只有一个。其他事物也是如此，如有了桌子的理念才有了各式各样的桌子，有了房子的理念才有了各式各样的房子，有了绿色的理念才有了世间的绿色……显然，他的理念论是主观唯心的，根本的错误在于抹杀了客观世界而把假想当成了真实。

柏拉图认为人的知识(理念的知识)是先天固有的，并不需要从实践中获得。他认为，人的灵魂是不朽的，它可以不断投生。人在降生以前，他的灵魂在理念世界是自由而有知的。一旦转世为人，灵魂进入了肉体，便同时失去了自由，把本来知道的东西也遗忘了，要想重新获得知识就得回忆。因此，认识的过程就是回忆的过程，真知即是回忆，是不朽的灵魂对理念世界的回忆，这就是柏拉图认识的公式。他还认为，这种回忆的本领并非所有的人都具备，只有少数有天赋的人即哲学家才具备。因此，他肯定地说：除非由哲学家当统治者，或者让统治者具有哲学家的智慧和精神，否则国家是难以治理好的。这种所谓"哲学王"的思想即

【解释说明】
柏拉图认为灵魂不灭，但思想和意识会随着肉身磨灭，人必须学习才能唤回前生的记忆。

是他理想国的支柱。

柏拉图死后，他所创业的学园由门徒主持，代代相传，继续存在了数世纪之久。但学园派对后世影响最大的，仍是柏拉图这位开山鼻祖。

【事件概述】

柏拉图死后，他的学生亚里士多德继承、发扬了柏拉图思想，并传播到世界。

阅读与理解

【名师点拨】

柏拉图是苏格拉底的学生，亚里士多德又是柏拉图的学生，他们三人被尊称为“古希腊三贤”，相当于中国的孔孟，是西方哲学思想的奠基人。

【回味思考】

1.柏拉图为什么会离开雅典？离开雅典后他做了些什么？

2.柏拉图的思想主要包括是什么？

3.“古希腊三贤”是指哪三个人，他们又有什么关系？

弗莱明

名师导读

弗莱明用显微镜观察葡萄球菌时，发现有一种来自空气中的绿色霉菌，而周围原来的葡萄球菌全部消失，弗莱明把这种霉菌称为青霉素。

弗莱明出生在离艾尔市不远的一个农舍里。7岁时他父亲病逝，从此便跟同父异母的哥哥一起生活。他天生伶俐，办事细心，大哥很喜欢他。

【细节描写】 弗莱明小时候对大自然充满好奇，有很多问题。

他自幼好学，酷爱大自然，在这样的生活环境中，他开始观察自然的种种现象。他喜欢思索，对新鲜事物非常敏感，每每向大人们提出这样那样的问题，弄得大人们也难以回答。一次，他跟母亲到医院里去探望一位病人，这是他们的一个亲戚。起初，他问亲戚得的是什么病，怎么得的……病人说不出所以然来。后来他又问医生，医生也回答不出真正的病因，只得说："孩子，没有详细研究的病症还多着呢，哪能样样病都知道啊！"弗莱明一直记着医生的这句话。

弗莱明考试被录取，并获得奖学金，进入了伦敦大学圣玛丽医学院。他记着小时候那位医生的话，决心探究细菌致病的奥秘。他在学习中，刻苦努力，深受老师的赞赏。1908年，他获得医学学士和理学学士学位，毕业时获得伦敦大学的金质奖章。1909年，他又通过考试，成为英国皇家外科学会的会员。从1906年起，他就受教于英国著名传染病理学家和抗菌治疗学家赖特。弗莱明跟随赖特从事疫苗治疗和预防传染病的研究。在这期间，他对细菌的活动有了深入的认识，并很快开始研究杀菌和防腐的方法。他一直坚持实践赖特关于通过接种疫苗防止细菌传染的免疫学说，探究细菌引起疾病的奥秘，并投身于抗生素的研究。1919年，他回到了圣玛丽医学院，重新从事他的研究。

【细节描写】 弗莱明一直在研究杀菌的医学难题，只是暂时还没找到突破口。

此后的10年是弗莱明工作最有成效的时期。开始，他在圣玛丽医学院当细菌学讲师，除了讲课以外，他的大部分时间是在化验室里度过的。他不懈地探索着细菌的生活史，探求消灭病菌的方法，研制杀死这些凶恶病菌的药物。他认为，在治疗上，理想的抗菌剂应该是既能抑制入侵细菌的生长，又不影响宿主的组织。他通过长时间细致的观察，发现了两种特别重要的抗菌物质。

【动作描写】
整整十年时间，弗莱明一直待在实验室，研究灭菌课题。

1921年，当他洗刷被污染的培养皿时，观察到一种淡黄色的可溶解菌落的黏液。根据赖特的建议，这种溶菌菌剂被命名为“菌酶”，这种易被感染的微生物，被命名为“可溶细球菌属”。

1928年夏季，一天，弗莱明正准备用显微镜观察培养皿里的葡萄球菌，突然，他的目光落在一只被污染了的培养皿上。细心的弗莱明发现培养皿上有一种来自空气中的绿色霉菌，并已开始繁殖。最使他奇怪的是，在绿色霉菌周围，所有原来生长的葡萄球菌全部消失了。弗莱明把这一奇怪的现象详细记录下来。他小心翼翼地把这些不速之客培养起来，让它们迅速繁殖。他对这种绿色霉菌产生了极大兴趣。

【动作描写】
弗莱明没有错过这个机会，他意识到这种霉菌将会带来革命性的创举。

弗莱明把这种绿色霉菌称作青霉菌。他从青霉菌杀死凶恶的葡萄球菌这一事实出发，推断因青霉菌分泌了一种非常强烈的杀菌物质，正是这种可扩散的物质，杀死了周围的葡萄球菌。

阅读与理解

【名师点拨】

可别小瞧毫不起眼的青霉素，正是它的发现，让人类找到了一种具有强大杀菌作用的药物，结束了传染病几乎无法治疗的时代。从此出现了寻找抗生素新药的高潮，人类进入了合成新药的新时代。

【回味思考】

1.弗莱明是如何发现青霉素的？

2.青霉素的发现在世界医学界有什么重要影响？

普里戈金

名师导读

普里戈金十分矛盾，母亲原本指望他成为一位杰出的音乐家，而自己却越来越喜欢化学。望着母亲花白的头发，普里戈金心里有些难过。

普里戈金出生于一个知识分子家庭，父亲是一位化学工程师，母亲朱丽叶曾就读于莫斯科音乐学院，为了使孩子们不被外界环境影响，有一个平安愉快的童年，她决定教育孩子学习音乐。

1929年，普里戈金一家人来到了比利时的布鲁塞尔。虽然比利时是一个非常小的国家，但生活环境比俄国安逸多了。12岁的普里戈金进了当地的公立雅典中学，很快就与同学们打成了一片。长期的中学生活使普里戈金开阔了眼界，兴趣爱好也更为广泛，已不再局限于钢琴，他同时爱上了考古学、文学和哲学。他广博的知识使他受到了同学和老师的喜爱。为了能使自己掌握更多的知识，普里戈金常常在图书馆看书。

【细节描写】普里戈金中学时代兴趣广泛，阅读大量书籍，掌握广博的知识。

一天下午，普里戈金上完课后就径直向图书馆走去。他看到了一本关于研究人体大脑化学组成的专著，他想：大脑是一种多么神奇的物质啊！所有的心理活动和行为活动都是由它控制的，大脑的组成物质与人体其他部分有哪些重大不同呢？好奇的普里戈金从书架上取出了这本书。“我得回去仔细研究研究，看看大脑物质到底有什么奇妙之处。”普里戈金一边自言自语，一边走出了图书馆。当大多数人已进入了甜蜜的梦乡时，普里戈金仍坐在他的书桌前，对着那本关于大脑化学物质研究的专著沉迷不已，他从未想到在化学这个领域会有如此多神秘而有趣的事，他懂得，世上所有一切都是由最简单的元素构成。人类若没有了物质的基础，根本就不会有思想，更不用说文学、哲学等艺术的存在。面对物质的研究，化学则是从最根本的原子结构等方面彻底地进行分析，这些思想活动对普里戈金的触动十分大，他决定开始对化学深入认识。看完了关于大脑化学

【心理描写】普里戈金不放过任何疑惑，对疑问追根问源，这是科学家必备的品质。

组成的专著，普里戈金又从图书馆中借了许多关于化学的书籍。在学习中，他了解到木炭是黑漆漆的，钻石是透明发亮的，它们最基本的元素竟是相同的，这是因为原子的排列方式不同而造成了如此大的区别，这一类的神奇物质在化学世界中可以找到许多许多。

随着年龄的增长，学习任务越来越重，普里戈金在钢琴上花的时间也日益减少。但对化学的兴趣，普里戈金是越来越浓厚。一天，普里戈金走到母亲的房中，他看着头发已花白了的母亲，心中不禁有些难过。从小是母亲教育他，带他进入了美好、纯洁的音乐世界，使他成为了一个有礼貌、有修养的人，母亲在他身上花了多少的心血啊！母亲多么希望自己能成为一名杰出的钢琴家啊！可现在，自己却要告诉她，他想放弃对钢琴的练习，把所有的时间投入到学习和研究化

【心理描写】

想到不能成为音乐家，普里戈金很愧疚，刻画了主人公对母亲深深的爱和矛盾的心理。

学中去，这不是很伤母亲的心吗？普里戈金的心中非常矛盾，但他研究化学的心愿已定，于是他向母亲说明了一切。母亲微笑着说：“小时候让你学习音乐是为了使你能摆脱外界环境的干扰，培养你的情操，教你学会做事一定要专心，至于你长大选择走什么样的路，妈妈希望你自己把握，如今你已做了决定，妈妈也很高兴，并支持你。”面对善解人意的母亲，普里戈金决定无论做什么，一定要成为一个杰出的人，研究化学，成为杰出的化学家。

【语言描写】出乎普里戈金的预料，母亲完全支持他的决定。刻画了母亲的慈爱和通情达理。

阅读与理解

【名师点拨】

因创立热力学中的耗散结构理论，普里戈金获1977年诺贝尔化学奖。他在物理化学和理论物理学的其他方面，如化学热力学、溶液理论、非平衡统计力学等，都有重大的贡献。

【回味思考】

1.普里戈金是如何成长为知识渊博的小教授的？

2.普里戈金内心充满矛盾，他的矛盾来自哪方面？

兰德斯坦纳

名师导读

兰德斯坦纳发现血清免疫原理，成功的救治了一名瘫痪婴儿，这为他发现人类三种血型奠定了基础。

兰德斯坦纳出生于奥地利首都维也纳。在少年时代，他就酷爱医学。他家附近有一所公立医院的附属医学院。那里经常进行人体解剖和各种医学实验。小兰德斯坦纳经常爬到化验室窗口上看得入迷，一点也不感到害怕。他十分喜欢那些带有插图的医学书籍，常常看得忘记吃饭。他的记忆力极好，这些书看后经久不忘。他幼小的心灵想着：将来有一天自己也能探索人体的奥秘。

【动作描写】
历史上许多伟大人物的成就都来自于少年时期的梦想。

1885 年，17 岁的兰德斯坦纳进入维也纳大学读书。他一进校，就凭借广博的医学知识引起了教授们的注意。大学的学业完成后，他获得了医学博士学位，他沉醉于自己的理想之中，决心把毕生的精力贡献给医学事业，做出一番成就。

可是，在讲究名声地位的奥地利，初出茅庐的青年不可能受到社会的青睐。兰德斯坦纳只能风尘仆仆地四处奔走，一边默默无闻地行医，一边孜孜不倦地学习。他拜访名医、走访学府，搜罗医学名著和珍本，刻苦地钻研、探求。终于在病理学、细菌学的研究方面有了较大的进展。

【动作描写】
我们几乎可以看到一个忙碌的身影，正如饥似渴地在医学的道路上攀登。

兰德斯坦纳一直忘不了自己幼年时代家门口的那所医院附属医学院的小化验室，因为正是这个化验室，培养起了他对医学的浓厚兴趣，使他走上了学医的道路。他主动要求担任那所医学院的病理学教师，以便培育更多的医学人才。

1900 年，32 岁的兰德斯坦纳发现了红血球凝集现象是血清免疫反应的一种表现，但当时许多人还没有看清它在医学上的深远意义，所以兰德斯坦纳并没有因此而扬名。

1908年春天的一个上午，兰德斯坦纳刚刚教授完病理学从教室里出来，忽然听到医院的大厅里传来了一位妇人的阵阵哭声。他走上前去打听，原来是她出生不久的孩子得了一种不知名的瘫痪症，医生们对此都束手无策，这位母亲绝望地痛哭不已。兰德斯坦纳仔细地检查了一下病儿，于是毛遂自荐地对那妇人说："夫人，如果你愿意的话，我可以试一试。"那位妇人停止了哭泣，抬起头来感激地看看这位素不相识的医生，然后点点头表示同意。在治疗中，兰德斯坦纳运用了血清免疫的原理，把病儿的病原因子输到一只猴子身上，让猴子产生抗体，然后再把带有抗体的血清接种到病儿身上，终于很快地救活了病儿。从此，兰德斯坦纳声名大震。维也纳大学闻讯后，聘请他为病理学教授。

【语言描写】
自信的兰德斯坦纳决定帮助伤心的妇女。刻画了他善良、仁爱的性格。

在第一次世界大战期间，欧洲到处是流血和呻吟。兰德斯坦纳默默地在逆境中潜心研究血型，恶劣的环境更加磨炼了他的意志。这次世界大战整整打了四年，战后，兰德斯坦纳应荷兰医学院邀请，到那里进一步做分析实验。

【细节描写】
战场上血肉横飞的惨状更坚定了科学家在医学的道路上继续前进。

由于兰德斯坦纳卓越的发现，得到了世界各国医学界的尊敬和重视。过了几年，他应聘到美国洛克菲勒医学研究院工作，还来过旧中国北平（今北京）协和医学院工作过一年。以后，他又转赴纽约，加入了美国国籍。

阅读与理解

【名师点拨】

兰德斯坦纳发现了人类的四种血型中的三种，他因此也获得了诺贝尔医学奖。2001年，国际卫生组织把他的生日——6月14日作为"国际献血日"，以纪念这位伟大的医学家。

【回味思考】

1. 兰德斯坦纳获得博士学位后，是如何继续努力的？
2. 这位科学家在哪方面取得了卓越成绩？

拉 姆 赛

名师导读

拉姆赛断定空气中分离出来的氮气中含有不被人们熟知的重气体。为了找到这种气体，他做了无数次的试验。

格拉斯哥是苏格兰的第一大城市，它横跨一条叫克莱德的小河，西边距小河的入海口约30千米。这里原是一个小渔港，后来发展成为地区性的工业中心。也许其街道是依弯弯的小河而建立的，所以整个街道显得又弯又窄。然而这里却是一个文化中心，大学和博物馆不少，最著名的大学要数格拉斯哥大学，建校已有5个多世纪的历史了。

【背景介绍】格拉斯哥是苏格兰的一个工业中心，我们的主人公就出生在这个美丽的城市。

拉姆赛出生于格拉斯哥市的一位土木工程师之家。他是个独生子。尽管父亲已经放弃经营祖传的洗染店，小拉姆赛仍然从祖父和外祖父那里学得了许多化学知识。他对化学的热爱，很早就在心中滋长了。

拉姆赛从小就显露出了极高的天赋。他只用了几年的时间，就完成了别人12年才能完成的学业。14岁那年，由于成绩出众，他被破格录取为格拉斯哥大学学生。但在大学的这几年里，他主攻的方向并不是化学，而是古典文学、现代文学、逻辑学和数学。后来因经济上遇到了困难，才不得不去本校的罗伯特·塔特洛克化学实验室帮忙，以求补充一部分生活来源。实验室的工作很繁杂劳累，但拉姆赛仍坚持边工作边旁听大学里的物理、化学、解剖学和几何学讲座。化学实验室的工作和学习，是拉姆赛生活中的一个新的转折点。它就像春天的雨露滋润着那粒早已深埋在他心田的热爱化学的种子，并使之生根、发芽。

【细节描写】拉姆赛工作后依然坚持学习，这是每一位成功者都曾经历的阶段。

拉姆赛在长期的反复的实验中发现，化合物中的氮与空气中的氮密度不同。

为什么化合物中的氮与空气中的氮密度会不同呢？拉姆赛被这一问题吸引住了。尽管那时他还无法证实自己的想法，但他预言：这一差别是因为空气分离出来的氮中含有某种仍不为人们所认识的重气体。为了找出这种气体，他想方设法，把空气中的氧和氮抽干。经过多次试验，终于发现空气里仍有一种化学性质不活泼的气体元素。这种元素有时在空气中的含量竟高达百分之一，它就是现在化学元素周期表中的氩。

【疑问句】
科学家从不忽略身边的任何疑惑，这是一种宝贵的专业精神。

拉姆赛并未因此而停步。有一次，当他把矿石加热时，无意中发现了另一种新的气体元素。这种元素的光谱和在太阳光谱中发现的氦相同。后来他又继续搜寻，终于在空气中找到了这种气体，它就是元素周期表中的氦。氦很轻，只占空气成分的二十五万分之一。随后，拉姆赛又发现，当镭的放射物质衰变时，也会不断产生这种最轻的惰性气体。这一重大发现，为后来的核反应奠定了基础。

随着岁月的流逝，人们对惰性气体有了越来越深入的了解。现在这些气体已经广泛地应用到社会的各行各业。从日常生活所用的荧光灯到商业广告的霓虹灯，从金属切割机到打火机，从超低温电冰箱到海洋潜水员的氧气，从麻醉剂到放射疗法……都有惰性气体的足迹。

【细节描写】
科学家的研究成功被广泛运用于社会各个行业，为世界做出了杰出贡献。

阅读与理解

【名师点拨】

拉姆赛小时候经常抱着一本厚厚的书坐在教堂里，津津有味地阅读着。周围的人很奇怪，这么小的孩子也喜欢枯燥的圣经么？人们围过来一看，小男孩看着法语版的《圣经》，有时候是德语版的，有时候是意大利语版，原来他是靠阅读各个版本的《圣经》来学习语言。

【回味思考】

拉姆赛发现的这种重气体是什么，你知道什么是惰性气体么？

肖洛

名师导读

1945 年，肖洛返回母校多伦多大学，开始攻读硕士学位。受战争的影响，大学里各项科研事业几乎陷入停滞。

肖洛出生在美国纽约州的弗农山。他父亲是在肖洛出生前十年从俄国迁来美国的。他的母亲是加拿大人。在他母亲的鼓动下，1924 年，肖洛一家搬到了加拿大的多伦多。肖洛在那里上了曼彻斯特公立小学，然后又上了中学。这所中学是附属师范学院的。

【细节描写】许多伟大的人物在少年时就对大千世界充满好奇，为人生指明了方向。

肖洛在少年时代，就对科学发生了兴趣，喜欢读电学、力学、天文学方面的书。他几乎阅读了当时中学图书馆有关这方面的全部藏书，尤其喜爱电气工程。他打算中学毕业后报考多伦多大学无线电工程系，这想法得到了他父母的赞同。当时只有少数中学毕业生可以升入大学，肖洛所在班的 60 个同学只有三四个人能得到这样的机会。他是其中的佼佼者。他在中学毕业后考上了多伦多大学。但是，在迈进大学门槛时，正值加拿大发生经济危机，通货膨胀，物价上涨。上大学要花很多的钱，他父亲的工资不能维持他和他姐姐罗斯玛丽上大学的费用。那时，学工程没有奖学金，而学理科和文学可以享受奖学金待遇，于是他改学物理学。他的姐姐则攻读英国文学。肖洛姐弟是很幸运的，他们都获得了多伦多大学的奖学金。物理学与无线电工程学本是亲缘学科。肖洛认为，他在当时改学物理是完全正确的。因为他并不具备一位工程师的精心与耐心，而更善于沟通科学概念与实验方法之间的联系，善于进行创造性的思考。

【细节描写】肖洛十分清楚自己的优缺点，选择正确的发展方向。

1941 年肖洛大学毕业，加拿大正值第二次世界大战期间，大学毕业生找工作是很不容易的，要能够找到符合所学专业的理想职业，就更加困难。肖洛被留在学校里给应征入伍的现役军人讲课，一直到 1944 年。以后一度离开多伦多大学，到一个雷达工厂从事微波天线的研究。

1945 年，他又返回多伦多大学，开始研究生的学习。由于战争的影响和经济危机爆发，各项科学研究事业几乎都陷入停滞。唯有两位坚强的教授在既缺设备又缺人员的条件下，一直坚持着光谱学的研究工作，他们是马尔科·克兰福特和哈里·韦尔盛。他们坚毅的工作精神和严谨的治学方法，对肖洛产生了很好的影响。

【解释说明】 肖洛身上有很多科学家的品格，皆来自于前辈的言传身教。

从 1961 年起，肖洛被聘为美国斯坦福大学物理系教授，接着担任系主任；1974 年任美国物理学会电子及原子物理分会主席；1975 年任美国光学学会主席；1981 年担任了美国物理学会主席。他的学术思想极为活跃，研究领域非常广泛，包括光谱学、微波波谱学、核磁极共振、超导和激光，其中最杰出的成就是在激光和激光光谱学方面。

肖洛取得这样巨大成就不是偶然的。当有人问他："为什么你领导的斯坦福研究组始终站在激光光谱研究的最前列？"他笑了笑说："我给自己订了这么一条戒律：决不重复自己已经做过的工作，也决不重复别人做过的工作。"

【语言描写】 科学家的话启迪我们，创新精神很重要。

他还恳切地对学生们说："不求知道一切，只求发现一件。"

阅读与理解

【名师点拨】

阿瑟·肖洛是美国著名的物理学家。1960 年，他和汤斯研制出世界上第一台激光器。从此，激光成为探测原子和分子特性的有效工具。1981 年，他获诺贝尔物理学奖。

【回味思考】

1. 肖洛原本喜欢电气工程师，为什么选择了物理专业？
2. 肖洛成功的秘诀是什么？他的话启示了什么道理？

摩 尔 根

名师导读

小摩尔根对大自然中的一切充满好奇心，他在自己的房间里摆满了鸟、蝴蝶、化石等各类标本。

肯塔基州的列克星敦市是美国的一个养马中心，城内的图书馆、剧场和音乐堂比较完善，曾自称为西部的雅典。当地牧民热衷于种马繁殖，美国良种马饲养协会总部设在该城。

摩尔根就出生在列克星敦，他父亲和母亲的家族都是当年南方奴隶制时代的豪门贵族。虽然由于南北战争中南方的失败，家境已经败落，摩尔根的父亲和母亲却都以昔日的荣耀为自己最大的自豪，并希望小摩尔根能够重振家族的雄风。摩尔根家族出过外交官、律师、军人、议员和政府官员，却从来没有出过一个科学家，而摩尔根是一个例外。用他自己日后所创造的遗传学学术名词来形容的话，他是摩尔根家族中的“突变基因”。

【背景描写】摩尔根家族曾经是美国农奴时代的豪门望族，有过许多显赫的人物，但没有一个科学家。

小摩尔根生来就是一个“博物学家”，对大自然中的一切都充满了好奇心。他最喜欢的游戏就是到野外去捕蝴蝶、捉虫子、掏鸟窝和采集奇形怪状、色彩斑斓的石头。他经常趴在地上半天不起来，仔细观察昆虫如何采食、如何筑巢。有时他还会把捕捉到的虫、鸟带回家去解剖，看看它们身体内部的构造。

小摩尔根10岁的时候，在他的反复要求下，父母同意把家中的两个房间给他专用。于是，他动手刷油漆、糊壁纸，按照自己的意愿把两个房间重新装饰了一番，然后在里面摆满了自己亲手采集和制作的鸟、鸟蛋、蝴蝶、化石、矿石等各种标本。

【动作描写】刻画了小摩尔根的动手实践能力和对大自然强烈的好奇心。

小摩尔根的另一个爱好是看书，特别是那些关于大自然、生物的书。如果没有人叫他吃饭的话，他可以一整天泡在书房里。摩尔根还有一个从小养成的习性，就是“不修边幅”。他从不要求父母为自己添置新衣服，也不会因衣服破旧而难堪。后来，他因为赴瑞典接受诺贝尔奖途经纽约，到老朋友韦弗博士的家中过了一夜。韦弗夫妇发现大名鼎鼎的现代遗传学之父竟穿着一件很不像样的大衣，而且大衣的一个口袋里塞着一包用旧报纸包着的梳子、剃须刀和牙刷，另一个口袋里是同样用旧报纸包着的一双袜子。当韦弗夫人面露惊讶之色时，已是67岁的摩尔根反倒不解了，他问道：“还有什么需要带的吗？”

【一语双关】
科学家认为人的生活本来就很简单，去见上帝时也不用带太多东西。刻画了摩尔根豁达、随意，一心扑在科研上。

摩尔根对知识的热爱，使他在学习上倾注了极大的热情。在他14岁生日过后没几天便初中毕业了，考入了肯塔基州立学院的预科学习。两年后，16岁的摩尔根顺利地转入了大学本科，他选择的是理科专业，学习数学、物理学、化学、天文学、博物学、农学和应用工程学等。他最感兴趣的博物学贯穿于大学四年的课程之中，他还有幸遇到了两位杰出的博物学教授。摩尔根对博物学的爱好一直延续到他的老年。他日后从事胚胎学、遗传学的研究，可以说是他从小对博物学的爱好自然而然的发展与深化。

阅读与理解

【名师点拨】

摩尔根是美国进化生物学家、遗传学家和胚胎学家。他发现了染色体的遗传机制，创立染色体遗传理论，是现代实验生物学的奠基人。1933年，由于发现了染色体在遗传中的作用，凭这一科学成就赢得了诺贝尔生理学及医学奖。

【回味思考】

1.童年摩尔根最大的爱好是什么？

2.摩尔根为什么会在医学领域获得如此高的成就？

达 伦

名师导读

成功没有捷径可走，任何伟大的成就都是不断努力、积极进取的结果。达伦用他的经验给我们上了最好的一课。

【外貌描写】达伦长相难看，不受人们喜欢，就连家人也不喜欢他。

达伦出生在瑞典斯坦斯托甫的一个并不富裕的家庭。

达伦小时候身材瘦小，长相难看，很不讨人喜欢，甚至哥哥、姐姐也常常欺侮他。每逢受欺侮时，他宁愿躲在后院的角落里抱头痛哭，也决不向任何人诉说委屈。有一次，他刚从后院痛哭后出来，不料被母亲发现了。“你的眼睛怎么搞的，为什么这样红肿？”母亲问道。

“被树枝戳了一下。”达伦不敢说出真相，只好扯了一个谎。

【语言描写】少年达伦感受不到家庭的温暖，所有这些没有磨灭他对科学的热爱。

“怎么没索性把眼睛给戳瞎了！”母亲不仅没有给予儿子丝毫安慰，反而大声地斥责他。

但达伦并不介意，他从未因为受到种种冷落而消沉、自卑。他倔强地默默忍受着一切，决心用自己的努力来创造美好的前程。他在学校读书时，刻苦认真，成绩异乎寻常的好。爱才的校长曾多次劝达伦的父亲为孩子创造进一步深造的机会，但父母因为孩子多，不愿单独为他多花钱。不久，他就被送到一家远亲开办的机器厂去当学徒了。

【动作描写】达伦勤奋好学，每天都在提高，每天都在进步，这是所有科学家的共性。

达伦把工厂当作了学校，逢人就问，遇事就学，不到两年，他就被提升为机械设计的绘图员。这虽是一份照葫芦画瓢的差事，但他干得很出色，他还利用工作之余自学了机械工程的基本知识。

达伦如饥似渴地边学边实践，26 岁竟发明了炼乳机。这对一向以外销牛奶而著称的北欧来说，的确是一项重大的贡献。

不久，达伦又被提升为工程人员。就他的资历而言，这本已是登峰造极，但他决心继续深造。他把自己在工程方面的成绩和平日设计的图纸寄到耶特堡大学，申请不以学历为限，允许他入学进修。

【细节描写】
达伦不甘永做一名小工程师，他还要继续深造，进一步提高。

耶特堡大学坚持要先考考他，然后才决定是否允许他入校旁听。达伦毅然应试，成绩之优使主考的老师赞不绝口。此事很快就被瑞士苏黎世大学知道了，他们特拨给他一笔奖学金，欢迎他到苏黎世大学学习。不到两年，他就取得了苏黎世大学的毕业文凭。不久，他发明了热气透平机，这是机械工业上的一大进步。接着，他又发明了燃点乘航标和浮标。达伦在设计室内常常一关就是几天几夜，有时碰到某一个难点，他往往陷入沉思直至通宵达旦。达伦为设计所画的图纸数不胜

【动作描写】
任何成就都是苦思冥想、不断实验、不断改进的结果，绝非轻而易举。

数。

由于他的杰出成就，1906 年，他应聘担任了煤气公司的总工程师。煤气贮存在当时的工程技术界是非常头痛的事，搞不好，就会造成灾难性的爆炸事故。达伦不顾个人安危，悉心研究煤气的性能，反复试验，后来终于发明了连接煤气贮存器的自动调节装置。

【动作描写】煤气贮存器是十分危险的装置，他不顾危险，亲入险境，研究新装置。

阅读与理解

【名师点拨】

1912 年，达伦在一次实验爆炸事故中严重受伤，导致双目失明。同年，瑞典皇家科学院为了表彰他在机械工程方面的卓越贡献，授予他诺贝尔物理学奖。

【回味思考】

1.达伦小时候幸福么？

2.达伦在工厂里是如何学习机械工程的，他发明了哪些机械装置？

惠普尔

名师导读

惠普尔发现肝脏是治疗贫血的最佳食物，这一发现为后来医学的日趋完善作出了重要贡献。

新罕布什尔州是美国最早的13个州之一。传说这个名字最初是由一个来自英国罕布什尔郡的船长自作主张而起的。该州工业化程度高，旅游业也十分发达。

惠普尔出生在美国新罕布什尔州的阿什兰城。他的祖父、父亲都是城里的医生。惠普尔曾在医学院的毕业典礼大会上讲过自己的经历："我进入耶鲁大学医学院时，父亲说：'我即使能供你上学，也只能从旁帮忙，因为这小城里有能力供儿子进大学的父亲太少了，而进大学的青年一天比一天多。也就是说，做父母的，在子女谋求深造时，仅能助一臂之力。'所以我读医科的费用，一部分是靠父亲做事挣来的，另一部分就得靠我自己想办法。"在祖辈从医这种家庭环境里，他从小受到祖父和父亲的指点，接受到许多医药学的知识，并对此产生了浓厚的兴趣。他夜以继日地刻苦学习，阅读了大量医书。由于家境一般，他养成了勤俭节约、吃苦耐劳的良好品德，这对他后来取得事业上的成功有深远影响。

【语言描写】惠普尔正是靠着自己的独立自强才完成了大学课程。

1900年，惠普尔进入耶鲁大学读书，三年后获得了医学学士学位。1905年在霍普金斯大学获医学博士学位，当时年仅27岁。毕业后留校讲授病理学，并拜当时著名的病理学家威廉·韦尔契教授为师，研究病理学的新理论。惠普尔刻苦好学，成绩卓著，十年中从助教被提升为讲师、副教授，并于1914年被加利福尼亚医科大学聘为医学研究教授，专门指导该校的基础医学研究。

【细节描写】聪明固然重要，但勤奋好学，努力上进才是最重要的。

惠普尔关于肝脏具有治疗贫血功能的研究，正是在医科大学开始的。为了了解影响血红蛋白形成的因素，他先用狗做实验，从狗身上放出一定量的血，造成贫血状态，然后再给它喂食各种食物，观察各种食物对血液的形成、再生以及对红细胞和血红蛋白恢复正常有什么影响。他发现：肝脏、肉类、蔬菜、杏及无机元素铁等，都对血红蛋白的再生有促进作用，特别是肝脏和无机元素铁的作用最为明显。他确认肝脏是主要治疗因素后，使用肝脏治疗贫血，果然获得满意疗效。这为当时广大贫血患者找到了一个好的治疗方法。他的这一发现，是当时治疗非感染性疾病的两大革新之一。这既拯救了成千上万人的生命，又具有理论上的意义。

【动作描写】通过一系列的实验动作，刻画了惠普尔科学严谨的求知精神。

1920 年，他被任命为加利福尼亚大学医学院院长后，便以更多的精力和时间，深入研究关于贫血病的机理及肝脏医治贫血病疗效的机制。

随着时间的推移，惠普尔关于肝脏药理的新理论经受了考验。当哈佛医学院米诺特教授和墨菲博士用实验的方法进一步证明了他的理论后，便引起了越来越多的医生的注意，在临床上的应用也愈来愈广泛。这一方法在后来的医学实践中被米诺特和墨菲发展和完善，他们用肝提取物制成针剂，达到疗效高、成本低、简单易行的目的。

【总结】惠普尔创造的肝脏药理理论影响了后世，为人类找到疗效高、成本低的肝脏药品。

阅读与理解

【名师点拨】

乔治·惠普尔是美国著名的医学家。早年他发现了肝细胞有无限再生能力；后来又发现治疗贫血的最佳食物是肝脏食品及含铁食品，并得到临床的证实。1934 年，他和另外两人共同分享了 1934 年的诺贝尔生理学及医学奖。

【回味思考】

1. 惠普尔是靠父母的支持才读完大学的么？
2. 惠普尔在哪些领域作出了杰出贡献？

哥白尼

名师导读 mingshi daodu

敢于破解鬼神迷信，敢于质疑宗教权威，这种大胆的精神，对小哥白尼探索真理起了重要作用。

哥白尼生活的时代，科学很落后。在他的国家波兰，绝大多数人信奉天主教，相信“天主”是宇宙的主宰。据说天主住在高高的九重天上，创造了人和万物。天主叫大地不动，白天挂上太阳照亮人类，夜晚挂上月亮为人类催眠。日月星辰都围绕地球转。星星是地上人的命星，能预兆人间的祸福。

【解释说明】这些荒谬的理论属于唯心主义观点，是宗教用来禁锢人们思想的工具。

所以，人们都非常注意观察太阳、月亮、星星的变化。要是夜晚天空出现流星，发生月食，白天发生日食，占星术家和教士们就会编造出许多谎言来吓唬人，乘机骗取钱物。

在哥白尼10岁时，他的家乡托伦城发生了一场可怕的瘟疫。染上这种病的人，极少能活下来。当时全城的人整天都忙着往郊外拉运尸体。碰巧，这时又发生了月食。占星术家和教士们就四处散布说：“这是邪教徒们造的孽。他们惹恼了天主，天主就降下灾祸来惩罚人类。让我们来祈求天主息怒，宽恕人类的罪孽吧！”

哥白尼的父亲身体本来很强壮，不知怎么也传染上了这种病。母亲赶紧请来教士。只见教士跪在圣像前，左手贴在胸口，右手不住地画十字，嘴里哼哼唧唧地念叨着：“求天主保佑，赦免这个可怜的罪人吧！”

【动作、语言描写】教士装神弄鬼，愚弄贫苦大众，刻画了神职人员虚伪、贪婪的丑恶嘴脸。

教士拿出十足的耐性，忙活了半天。可是父亲的病情一点儿也没有好转，反而加重了。教士见他的招数不灵了，便哭丧着脸，对哥白尼的母亲说：“夫人，请原谅。恕我直言，看来病人的罪孽太重，天主不肯饶恕他，要把他的灵魂带回天堂去审判。”

母亲请求教士再祈祷一会儿，可是他却直摇头，接着又向

母亲伸出手，接过母亲送给他的钱。然后，他把肩上的黑色披风往脑袋上拉了拉，便缩着头匆匆走了。

【动作描写】 教士的所作所为无非是为了骗取钱财，根本不会治病救人。

眼前发生的一切，哥白尼看得清清楚楚。晚上，他独自一人悄悄爬上阁楼，久久凝视着繁星密布的夜空。他的脑海里浮现了许多问题："天空高深莫测，茫茫无际，天主怎么能住上去呢？他又怎么能管到人间的事呢？"

于是他去问母亲："爸爸是坏人吗？"

"他一向待人宽厚，我不记得他干过什么坏事啊！"

"这就怪了！"哥白尼说，"今天来的那个教士，明明说天主惩罚的是邪教徒。既然爸爸是诚心诚意地信奉天主，又没有干过坏事，为什么天主还要惩罚他呢？是天主弄错了人吧？"

"天主是不会弄错的。"

"要是天主没错，准是那个教士弄错了。我非把这件事弄明白不可！"

【语言描写】 表现了哥白尼探索真理的决心与信念。

就在这天深夜，父亲被瘟疫夺去了生命。

神鬼之说根本不值得一驳，连小孩子也不相信，对宗教的怀疑坚定了哥白尼探索真理的信念。

阅读与理解

【名师点拨】

从前的人们见太阳从东边升起，西边降落，以为太阳绕着地球转，提出了"地球中心说"。哥白尼通过研究和计算后认为，太阳才是宇宙的中心，地球绕着太阳转。宗教神职人员诚惶诚恐，但又辩不倒哥白尼，最后通过宗教法庭判他有罪，罪名是宣传邪恶理论，哥白尼被烧死在广场。

【回味思考】

1.天上真的有神仙么？瘟疫是上天惩罚有罪的人么？

2.教士拯救了哥白尼的父亲了么？

莱希斯坦

名师导读

1922年，莱希斯坦获得有机化学博士；1933年，经过十年的研究，他成功合成了维生素C，为人类克服坏血病作出杰出贡献。

莱希斯坦是一个拥有瑞士国籍的波兰人。莱希斯坦出生于波兰符沃次瓦维克城的一个书香世家。父亲是著名的工程师，经常应聘到国外的大企业工作。小莱希斯坦还在襁褓之中时，就随父母来到了乌克兰首府基辅，并在这座远比故乡繁华的近代工业城市度过了孩提时代。他从小耳濡目染着大工业和科学技术的节奏和光彩。

【细节描写】小莱希斯坦看着隆隆的机器，憧憬起科学的神奇和美妙。

当时，西欧和北欧的一些国家，工业生产和科学技术已有了较大的发展。莱希斯坦的母亲为了使子女能受到良好的教育，极力怂恿老莱希斯坦带领全家到西欧去生活。1905年，小莱希斯坦8岁的时候，随父母迁居柏林，但妈妈不喜欢这个城市，因而不久又迁居瑞士的苏黎世。

瑞士自然环境优美，民风淳朴。苏黎世又是著名的文化和工业中心，这的确是他们十分难得的安家胜地。母亲后来告诉莱希斯坦说："我和你爸爸都认为，世界上最懂得物尽其用的是由法、德、意三国民族混合组成的瑞士人。法国人虽然善于种植可可，但做出举世闻名的巧克力的是瑞士人；德国人会炼钢铁，但利用一点点钢材做出世界上最好的钟表的是瑞士人；意大利盛产蚕丝，但用意大利丝织成人间第一流绸缎的也是瑞士人。我们离乡背井搬到瑞士来的目的，完全是为了你和你的弟弟、妹妹。"

【排比句】父母希望成为瑞士人后，能继承发扬瑞士人博采众家之长的传统，做一个杰出的人。

1914年，莱希斯坦全家获得瑞士公民身份，从此改属瑞士国籍。

刚移居瑞士的头几年，由于语言和生活习惯不适应，老莱希斯坦夫妇不得不聘请家庭教师教育孩子们。孩子们都很聪明，很快就适应了新的生活，进入瑞士的学校上学之后，都取得了很好的成绩。莱希斯坦起初考入了苏黎世初级大学的技术学校，随后升入技术学院攻读化学工程。

【动作描写】

父母在子女教育问题上费尽心思，正是这种重教的思想决定了孩子们走得更远。

1920年，莱希斯坦获化学工程学士学位。在大学时代，他格外喜欢有机化学，教授们也常常鼓励他钻研这门很有前途的学科。父母经过再三考虑后，也同意了莱希斯坦的选择，让他继续攻读有机化学博士学位。

1922年，莱希斯坦获得了有机化学博士学位。随后的七八年间，他的主要精力仍用在工业设计上，从而赢得了声誉和一笔可观的财产。1933年，他成功地合成了维生素C。维生素C纯品的研制成功，为医药工业和临床治疗作出了巨大的贡献。

莱希斯坦不但博学多才，而且性格开朗、乐观，富有想象力。他曾说过："现在研究激素一类物质，尚处于方兴未艾的阶段，等到研究得相当透彻了，人类的寿命肯定会比现在延长，那地球上就会人满为患了。但是，到了那个时候，人类移居其他星球也将会成为无可置疑的现实了。"

【语言描写】

科学家的话启迪小读者，想象力来自于对未知世界的好奇，实现梦想则依靠创新精神和艰苦探索。

阅读与理解

【名师点拨】

缺乏维生素C也称为坏血病，与炎症、动脉硬化和肿瘤等疾病有关。坏血病在历史上曾是严重威胁人类健康的一种疾病，广泛流行于海员、探险家和军队中，被称为"水手的恐惧"和"海上死神"。莱希斯坦人工合成维生素C后，终于征服了坏血病。

【回味思考】

1.父母为什么把莱希斯坦带到风光旖旎的瑞士？

2.莱希斯坦的重要贡献是什么？

3.你了解坏血病的历史么？

汤姆孙

名师导读

玻璃管中的阴极射线在磁场和电场中会发生偏转，汤姆孙敏锐地指出，射线一定带有某种比原子更轻的电子。

【解释说明】

汤姆孙是第一位发现电子的物理学家，是近代核物理领域卓有成绩的科学家。

【解释说明】

汤姆孙被安葬在威斯敏斯特教堂，这里是英国伟人的墓地，埋葬着许多杰出的圣贤。

原子英文名称叫“atom”，这个词在希腊语中的含义是“不可分的”。但我们知道原子是由重的、带正电荷的原子核和绕核运动着的、带负电荷的电子构成的。我们可以比较容易地从原子中分离出一个或几个电子，原子就变成了带电荷的离子。也就是说，存在着比原子更小的物体，我们叫它微粒(粒子)。电子是最重要的一种微粒，也是第一个被发现的微粒。对此做出贡献的是英国最著名的物理学家之一的约瑟夫·约翰·汤姆孙。

汤姆孙生于曼彻斯特郊区，在剑桥著名的三一学院欧文斯系学习，那是牛顿工作过的地方。后来，汤姆孙成了该校的教授和校长，还兼任著名的卡文迪许实验室主任。1890 年，他和伊丽莎白·佩吉特结婚。生下一子乔治·佩吉特·汤姆孙。后来，乔治也成为知名物理学家，发现了电子的波动性质。汤姆孙是以做电流通过稀释气体的实验闻名于世的，他培育了一大批年轻的物理学家。1905 年，他成为英国皇家学会教授，1906 年，因研究气体的电导率获诺贝尔物理学奖，1915 年，他当选为英国皇家学会会长。他逝世后安葬在维斯敏斯特教堂科学巨匠墓地。

发现电子的过程早在 19 世纪 50 年代就开始了，当时德国物理学家尤利乌斯·普吕克尔(1801 ~ 1868)发现了阴极射线。将玻璃管安上电极(阴极和阳极)，抽尽管中的空气，再将阴极加热，同时在两个电极上加以电位差，玻璃管中就可通过电流。根据管中残余的空气或其他气体的压力大小，玻璃管发出不同颜色的荧光。这种实验在 19 世纪是很有吸引力的，威廉·克鲁克斯(1832 ~ 1919)就做过这种实验。在昏暗的实验室里玻璃管闪闪烁烁，发出各种颜色的光，真有点令人毛骨悚然，难怪克鲁克斯最后都相信招魂术了。当玻璃管内的真空达到相当高度后，管子不再发光，而从阴极向阳极发出不可见的光线流，这种光线称为阴极射线，它的各种特性逐步被研究发现。这种射线是沿与阴极表面垂直的方向射出，作直线运动。在它放射的中途放上障碍(通常是呈十字轮机形状的铁片)，在玻璃壁上会出现它的影子。这种射线也能使克鲁克斯转轮的叶片转动。在阴极射线撞击下，玻璃发出黄绿色荧光。更重要的是：阴极射线在电场和磁场中都会发生偏转。在这些实验的基础上逐渐形成了对阴极射线的实质的认识。汤姆孙正确地判断出：这是一种带负电荷的粒子流，这种粒子比最轻的原子还要轻得多。他还用精确的试验测定这些带电粒子的质量和大小。这种粒子后来被称为电子。1897 年 4 月 30 日，汤姆孙在英国皇家学会做报告，宣布他发现了电子。在以后的几年内他又发现，电子可以从炽热的金属发射出，可从经过光线照射的某些元素的表面发射出，也可由放射性物质放出。一根导线里有电流，这是电子在导线里移动。我们打开电视机，是阴极射线把荧光屏上的发光体点亮。电子这个很轻而且驯服的粒子是电子学的基础，而电子学正是我们科学技术的主要组成部分之一。

【解释说明】

这段话简要介绍了汤姆孙的研究领域，正是在阴极射线的偏转中发现电子的存在。

【细节描写】

汤姆孙经过多年研究，宣称发现了原子的电子，为近代电子学奠基人。

阅读与理解

【名师点拨】

汤姆孙是英国 19 世纪末最著名的物理学家，他发现了原子中的电子，1906 年获得诺贝尔物理奖。他的儿子也是一位杰出的物理学家，于 1937 年也获得诺贝尔物理奖。父子同获诺贝尔奖，一时传为佳话。

【回味思考】

1.原子是最小的微粒子么？它是可分的么？

2.汤姆孙的成就是什么？

3.你知道威斯敏斯特教堂么，那里安息着英国的哪些伟人？

米丘林

名师导读

米丘林在极其困难的条件下，40年如一日地坚持做植物新品种研究。功夫不负有心人，他培育出了350种新水果树种，获得苏联"科学技术劳动英雄"称号。

【引用名言】这是科学家探索不止的精神动力，应是我们以之为鉴的座右铭。

俄国伟大的自然改造者米丘林一生培育出350多种植物新品种，建立了米丘林学院，他提出了"我们不能等待大自然的恩赐，必须向大自然去索取"的格言。

米丘林从小家境贫寒，没有念过多少书。父亲是个栽植果树和管理果园的人，受父亲的影响，米丘林从小就对园艺学产生了浓厚的兴趣。

米丘林10岁时，父亲去世了，不久他就开始做学徒工。17岁时，他在一个车站当货房登记员，但他仍没忘掉他喜欢的园艺工作。他一边自学植物学，一边在房后种了苹果、梨和樱桃，他下决心培植出新的品种。

【语言描写】读了《物种起源》，普通人获得了知识，而米丘林则意识到人也可以改变物种。

米丘林在莫斯科买了许多植物方面的书籍，他十遍、百遍地钻研着。当他读过了达尔文的《物种起源》一书时，高兴地说："物种可以变，我完全同意。"

为了实践，他开始了旅行，一个地方一个地方地走访。并给自己的研究工作确定了两大任务：一是要在俄国中部培育出耐寒的浆果植物种类；二是要把南方的树种逐步移向遥远的北方种植。

为了把南方的果树移植到北方，米丘林买了块土地，栽上各种由远方移来的树木。开始他用一般方法，把南方的优良品种的枝芽，嫁接在北方耐寒品种的枝木上，结果树是接活了，但当严寒来临，所有的接枝全部都冻死了。他反复地实验着，也不断地琢磨着。失败跟着他走过了十年的光景。

他决定再寻找另一条路。开始研究人工杂交和人工授粉的方法。在这项实验中,他领会了植物的一个重要特性:杂种幼苗容易接受外界的影响。他明白了过去失败的原因是用了成年的纯种的缘故。

【细节描写】
失败乃成功之母,米丘林的经历诠释了这句名言。失败并不可怕,可怕的是因此丧失继续探索的精神。

通过几十年的辛勤摸索,米丘林理解到:环境能有力地影响树的特性,在环境的锻炼下,植物也可发生变异。后来,他发现园里一角沙地上,长出的幼苗比较耐寒,于是明白了:土壤肥,环境条件好,幼苗必然长娇了,因此不能耐寒。1900年,米丘林找到一片沙质地,把树苗一棵棵移栽过去,在这里辛勤耕耘了七八年,终于将许多耐寒的优良品种果树培育成功了。

米丘林在极其困难的条件下,顽强坚韧地奋斗了近40年。他的科学成果是巨大的,有350种新水果和浆果植物,在他的亲

手培植下,茁壮地成长起来。

米丘林的工作成就在国际上引起了极大的关注,有个美国资本家看到他的工作有利可图,想请他去美国做研究工作,但米丘林不愿离开祖国,他在艰苦的环境中工作着,直到十月革命后,他的事业才得到国家的重视和保护。在革命后的17年中,他又创造了200多种新的果树品种,被国家授予“科学技术劳动英雄”的光荣称号。

【事件概述】

一分耕耘,一分收获。米丘林几十年如一日的研究终于有了成果。

阅读与理解

【名师点拨】

米丘林提出生物学的基本原则是主物体与生活条件的统一,在果树培育方面做出了杰出的贡献。他认为生物对生活条件有高度选择性,而生活条件对生物的发育和遗传变异则起主导作用。

【回味思考】

1. 面对实验失败,米丘林放弃了么?

2. 通过哪个细节可以看出米丘林不仅是位植物学家,还是位爱国者?

米勒

名师导读

米勒接到乡间妹妹的来信，信中说到乡亲们被虫灾害苦了，日子过得十分艰难。米勒眼前又浮现老农失望的表情，发誓要研制一种新的杀虫药。

米勒出生在瑞士的奥尔坦村。他的父亲在瑞士铁路上当雇员。童年时代，他天天跟着大人下地，悄悄地学着生活知识。他的故乡坐落在爱尔河边，景色秀丽，农作物茂密，但是经常发生虫灾。眼看着好端端的庄稼遭受虫害，家家户户唉声叹气，束手无策。老农十分失望地说：“治虫的药都用遍了，却毫不见效。中国人‘以毒攻毒’的方法我们不会，也无法一试。”“以毒攻毒”一词就这样牢牢地刻在一个10岁孩子的心灵深处。

【语言描写】老农的话像一把钥匙，启迪了童年米勒，激励他致力于杀虫药物的研究。

米勒是在莱茵河畔的巴塞尔城上学的。1916年，他中学毕业了。由于家贫，无力进入大学，就在一家公司的实验室找到了一份打杂的工作，并干了两年多。这一段经历对他有两个好处：一是他积攒了一笔钱，使他能够继续上大学；二是他在工作中获得了丰富的实践知识，这对他后来成为一名化学家很有帮助。

1919年，米勒考入了巴塞尔大学化学院，主修化学，辅课是物理学和植物学。1925年他获得博士学位。同年5月，被奇吉化学工业公司聘为药剂师，开始了他的研究生涯。1935年，米勒开始了合成杀虫药剂的研究。那时候，主要农药用的都是天然杀虫剂，如除虫菊、鱼藤酮和无机砷化剂等。砷化物对人畜皆有剧毒，除虫菊和鱼藤酮的杀虫效果和供应量都很有限，不能满足农业生产的需要。因此，合成杀虫药剂势在必行。当时，每年都有大量的农药和专利问世，但也有许多专利被取消，没有一个是能成批生产投放市场的，主要因其杀虫效果不如砷化物和除虫菊。

【背景介绍】砷化物是灭害虫首选药物，但危害极大，且供应有限。

有一天，米勒接到妹妹从奥尔坦家乡寄来的信，说乡间又闹虫灾了。这消息使他猛然记起中国人“以毒攻毒”的名言来，他决心要发明一种新的杀虫药物，帮助乡亲们消除灾害。米勒整整研究了三年，对几百种药物进行了检验但都毫无结果。别人劝他别钻牛角尖了。他自己也承认，想要找到一种好的杀虫药剂确实是不容易的。难道能因此半途而废吗？他不甘心。想到乡亲们受虫害的痛苦，想到“以毒攻毒”的方法，他决定再次咬紧牙关，继续进行试制。

【细节描写】 家乡发生的虫灾又浮现在科学家眼前，研制新杀虫药迫在眉睫。刻画了科学家的善良和强烈的社会责任感。

【心理描写】 数百次的试验都以失败告终，但米勒没有放弃。他的故事启迪我们，唯有坚持才能胜利。

米勒知道他们公司制造的杀虫药是蛾类胃毒剂。胃毒剂是随着食物被害虫吃进胃里之后，才起毒杀作用的。这种胃毒剂不能用来防治带菌的虱、蚤等。因为虱和跳蚤吸食人或畜的血液，不会把药物吃进胃里。因此他竭力想寻找一种触杀剂，即虫子一接触到药物，它就能穿透昆虫体壁，起到毒杀作用。

1939年9月，他研制了一种化合物，试验结果表明，它对家蝇有惊人的触杀作用。接着他又制备出这一药物的各种衍生物，在蛾类胃毒剂的启示下，终于合成了DDT。

DDT它对害虫有高度亲和力，能使DDT透过体壁进入虫体，起到触杀作用。1943年，美国农业部也进行了试验，证实了DDT具有较好的杀虫效果。特别是DDT在防治斑疹伤寒及由其他节肢动物传播的疾病方面，有重大的功效。

阅读与理解

【名师点拨】

瑞士化学家米勒因合成DDT于1948年获得诺贝尔医学奖。在第二次世界大战中的1944年，美国在意大利的许多士兵因使用DDT来扑灭传染斑疹伤寒流行病人身上的虱子而避免丧生。联合国世界卫生组织曾评价说：“单独从疟疾病看，DDT可能拯救了5000万生命。”

【回味思考】

1.是什么事件一直激励着米勒研究新杀虫药？

2.米勒数百次试验后，放弃了研究工作么？他的经历给我们什么启示？

辛 格

名师导读

mingshi daodu

辛格不仅对生物化学有浓厚的兴趣，而且对文学、艺术也很爱好，经常利用业余时间阅读大量国内外文学作品。

辛格出生在英国利物浦的一个小康人家，父母很重视对儿子的教育，对他要求很严。

辛格的老家原在爱尔兰北部，后来移居到英格兰利物浦的郊区。利物浦是英国的第二大商港，濒临爱尔兰海，城内有许多中世纪的建筑，有英格兰最大的教堂，还有大片广阔、美丽的海滩，辛格的童年就是在这里度过的。每当夕阳西下，宜人的海滨景色总会吸引许多人在这里漫步。辛格也是这里的常客。

【背景介绍】

辛格出生在英国海港城市利物浦，这里景色迷人，让人沉醉。

傍晚时分，小辛格的父母就带着他和两个妹妹来到这里，饱览这迷人的风光。瓦蓝色的海水，五颜六色的贝壳，往往惹起了妹妹们一阵阵兴奋的喊声和笑声，但小辛格对这些视而不见，充耳不闻。他对什么发生了兴趣呢？原来他被那些文人学士们的有趣话题吸引住了。他听得那么津津有味，有时甚至悄悄地站在他们身边，瞪着一双炯炯有神的大眼睛，似乎要把听到的每句话、每个字都记在心中。他还不时地向他们提出种种问题，他多么希望能马上解决自己心中所有的疑团啊！这些文人学士对他敏捷的思维和智力无不表示惊讶，因此，总是耐心地给他以满意的回答。就这样，广阔的海滩竟成了小辛格求知的第一所学校。大人们用通俗的语言、形象的比喻把自然界中发生的各种奇妙的现象解释给他听，知识像海洋一样广阔，他的心情也像海浪一样起伏。

【比喻修辞】

年幼的辛格被未知世界深深吸引，开启了他探寻世界奥秘的梦想。

辛格童年时代强烈的求知欲望，成了他后来在科学道路上勇于探索、大胆创新的良好开端。15 岁那年，辛格以优异的成绩考入了温彻斯特学院。这所学校已有五百多年的历史，是专

收男孩子的学校。学校很重视基础学科的学习，许多名人学士亲自登台授课。优越的学习条件使他如鱼得水，他像海绵一样贪婪地吸吮着一切，用知识丰富着自己的头脑。

【比喻修辞】
辛格十分珍惜难得的学习机会，贪婪地吸吮着知识的营养。

辛格在学习上刻苦认真，一丝不苟，从来不感到满足。他对数学、物理、化学等学科的学习非常认真，从不允许自己在概念上有丝毫的模棱两可，对每一条定理，每一个定律，他都要反复论证，直到完全理解为止。为了巩固已学过的知识，他常常放弃休息时间，去演算大量的补充习题，每道题都要力求准确无误，即使小数点后面六七位数字，也决不许出现差错，他认为这些数字和概念，都是通向理想的阶梯，无论哪一步错了，都会把人引向歧途，导致事业的失败。

【细节描写】
辛格为我们很好地诠释了一句名言，即细节决定成败。

辛格不仅对自然科学有浓厚的兴趣，而且对文学也很爱好。他博览群书，经常利用业余时间阅读国内外的文学作品。因此，在1931年还获得了剑桥大学三一学院的古典文学奖金。

辛格最大的志愿是要献身于生物化学，因为从很小的时候起，他就从当医生的叔父那里知道，要把人类从疾病中拯救出来，就必须发展医学；生物化学是医学的基础，只有生物化学高度发展了，才能深入地探索致病的原因，才能找到治疗疾病的有效方法。

阅读与理解

【名师点拨】

辛格主要研究把物理化学方法用于蛋白质及有关物质的离析和分析。与马丁共同发明分配色谱分离法，尤其是纸色谱，而共同获得1952年诺贝尔化学奖。辛格获奖时年仅38岁。

【回味思考】

1.在落日余晖的利物浦海滩，当人们在享受美丽的夜晚时，小辛格在做什么？

2.哪些细节反映出辛格十分重视细节？

贝可勒尔

名师导读

早在30年前，法国化学家圣维克多就发现了铀的化合物能使照相机乳剂变黑，但他无法解释此现象，直到贝克勒尔的出现。

在发现伦琴射线三个月之后，又一条震惊世界的消息传来：发现了新的从物质内部发出的更神秘、穿透力更强的射线。1896年，法国物理学家安托万·亨利·贝可勒尔发现了放射性，人类第一次认识了核能的效用。今天令我们惊讶不解的倒是：怎么可能在整个人类历史包括史前时代中，竟没有一个人注意到放射性的现象，虽然人无时无刻不受到地壳和大气中放射性元素的辐射，而这种辐射对人的健康和遗传基因都是有影响的。

【反问句】放射性现象就在我们身边，可许多科学家都不曾留意过。刻画了贝克勒尔的细致和严谨的科学态度。

贝可勒尔是法国物理学大军中的一员。他的父亲亚历山大·艾德蒙和祖父安托万·塞萨尔都是著名的物理学家，还是法国科学院院士。他们对物理学的多个领域，尤其是电学、磁学和光学都做出过贡献。但贝可勒尔家族研究的中心议题是事先受过光线照射的各种物质发荧光的现象。

小贝可勒尔中学毕业后在巴黎理工学院学习。大学毕业后在桥梁公路研究所当工程师，这个所实际上是所物理工程学校。他的家庭生活遭到不幸，他的妻子20岁就去世，留给他一个儿子让·贝可勒尔，让·贝可勒尔后来成了他们家第四代物理学家。贝可勒尔丧妻后迁到父亲的老宅去住，开始在自然历史博物馆工作，子承父业，成了该馆的助理。14年之后，他第二次结婚。

【事件概述】尽管贝克勒尔承受着巨大的不幸，但依然能克服种种困难而成功。

贝可勒尔是1896年在法国科学院会议上得知发现伦琴射线的消息的。他特别感兴趣的是这种射线同矿物发荧光之间的关系。在实验室里，他找到了一种能发荧光的材料——硫酸铀酰钾晶体。他将这种晶体在阳光下照射几小时，用黑纸包好，放在照相底版上。将底版显影冲洗后，在底版上发现了晶体的轮廓。贝可勒尔认为，这种晶体经阳光照射后发出不可见的射线，能穿透黑纸，他在法国科学院的一次会议上报告了这一现象。当时他想重复这一实验，可是2月26和27日两天巴黎没有出太阳。当他把照相底版显影冲洗出来之后，发现底版上晶体的图像竟比上次实验做出的更加清晰，虽然晶体事先并未受过阳光照射。这就是说，晶体内部必然有自己的辐射能源，它不受外界干预的影响。这种从铀中发出的新的不可见射线，如同带电的粒子流一样，使空气带电并在磁场中发生偏转。

【动作描写】

贝克勒尔从细小处找到了大发现，正是他细致的观察力，才发现了放射性现象。

1896年3月2日，贝可勒尔就将这一发现报告了法国科学院。以后关于放射性的研究，他就同居里夫妇进行合作了。1903年，他和居里夫妇共同获得诺贝尔物理学奖。为纪念他做出的贡献，放射性的单位称为“贝可勒尔”。

其实，在贝可勒尔之前也曾有人发现过放射性现象。比他早30年，就是照相技术发明人的侄儿、法国化学家尼普斯·德·圣维克多。他曾发现过铀的化合物能使照相乳剂变黑，不过，他当时无法解释这一现象。

【解释说明】

虽然有人早在30年前发现了这一现象，但限于技术条件给忽略了。

阅读与理解

【名师点拨】

很多科学家在探索未知世界的道路上付出了毕生心血，甚至献出了宝贵的生命。1903年，贝克勒尔发现放射性现象而获诺贝尔奖。当时的科技还没意识到放射性对人体巨大的危害，他因过多接受了放射线的损害而成为放射线的第一个牺牲者，在56岁的盛年逝世。

【回味思考】

1.贝克勒尔承受了哪些生活不幸？

2.贝克勒尔是如何发现物质的放射性的？

3.你了解放射性现象吗，哪些物质具有放射性？

魏兰德

名师导读

当父亲看到魏兰德整理好的账本，大吃一惊，不再固执己见，改变了让他做银匠的想法，送他到学校上学。

【背景描写】

德国的中小城市绿树成荫，建筑鳞次栉比，犹如世外桃源。

在德国，人们最喜欢生活在中、小城市，德国的中、小城市特别多。许多中、小城市里，绿树掩映着一栋栋精致的两三层小楼，小楼风格各异，鳞次栉比，鸡犬之声相闻，令人赞叹不已。

魏兰德出生在古城福希海姆一个世代都做银匠的家庭。他家做的首饰以精巧考究而闻名全国。历代帝王和皇亲国戚每逢庆典，都要指定他家制作首饰、器皿和勋章。

魏兰德有弟兄3人，他排行老二，大哥早年不幸夭折。他的父亲谨记祖先遗志，墨守成规，教子从小学艺。但他母亲出身于书香门第，热爱科学，追求知识，向往革新，希望儿子能成为饱学之士。夫妻各持己见，经常发生争吵，魏兰德的父亲常骂妻子是银匠世家的“败家婆”。由于夫妻不和，母亲只好带着小魏兰德常住在外祖父家。

【细节描写】

魏兰德聪明，但更重要的是热爱学习，热爱科学知识。

魏兰德从小聪明好学，喜爱读书，对数学、物理尤感兴趣。在外祖父的培育下，他从小打下了坚实的科学知识基础。

一天，小魏兰德看见父亲结算首饰买卖的账目，费了九牛二虎之力还不能把账目算清，他就去主动帮助。不到半天时间，就把杂乱的账目搞得一清二楚。这件事使他父亲大吃一惊，当魏兰德再次要求上学读书时，父亲不再固执己见，同意送儿子上学深造。

魏兰德曾经说过：“现在的人多半会谄媚奉承，而不大懂得处世做人的道理，今日的治学也往往偏于浮夸与炫耀，这就是今人不及古人的症结所在。”从这段话里，可以看到魏兰德正直、诚实的美德和立志成才、赶超前人的志气。

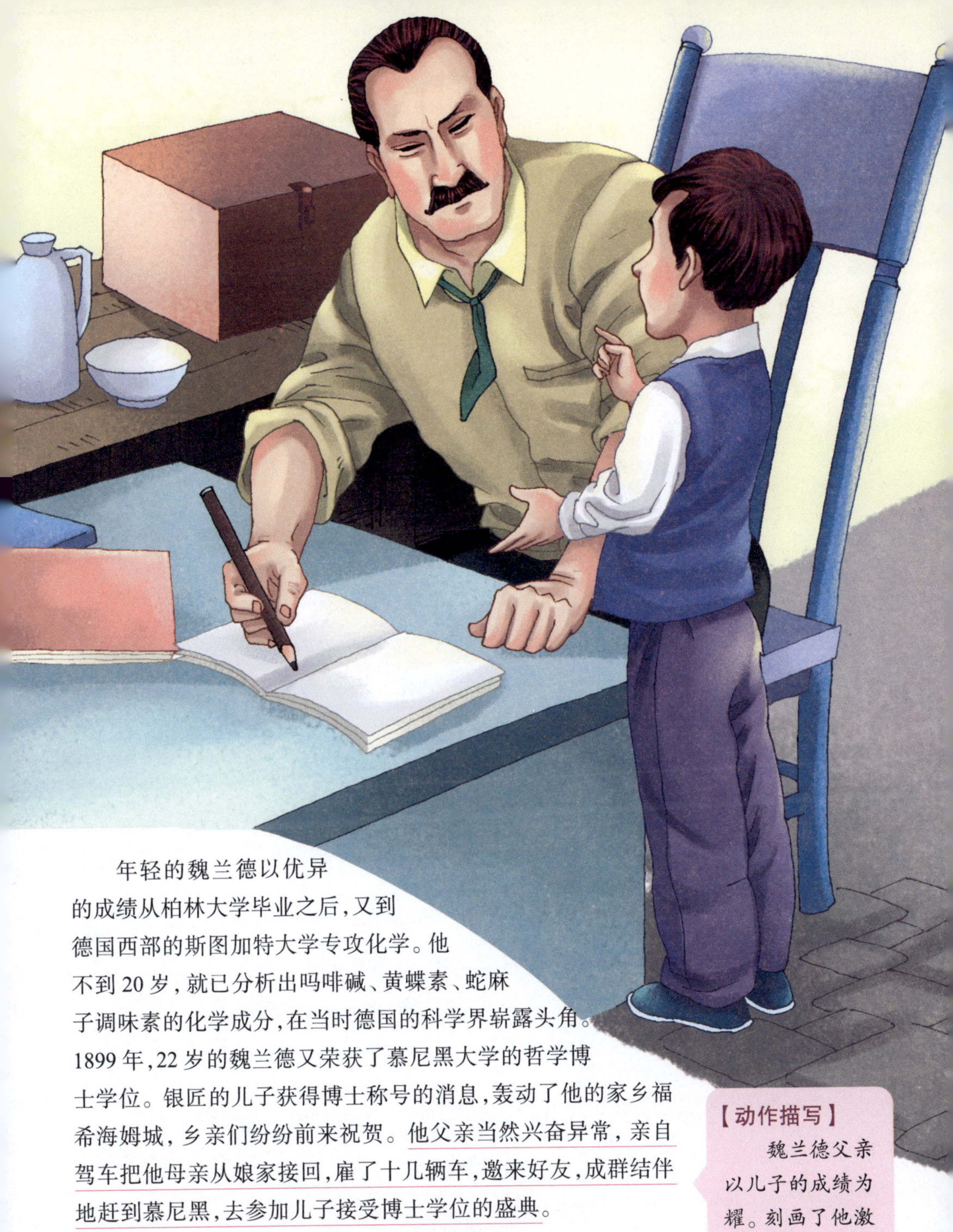

年轻的魏兰德以优异的成绩从柏林大学毕业之后，又到德国西部的斯图加特大学专攻化学。他不到 20 岁，就已分析出吗啡碱、黄蝶素、蛇麻子调味素的化学成分，在当时德国的科学界崭露头角。1899 年，22 岁的魏兰德又荣获了慕尼黑大学的哲学博士学位。银匠的儿子获得博士称号的消息，轰动了他的家乡福希海姆城，乡亲们纷纷前来祝贺。他父亲当然兴奋异常，亲自驾车把他母亲从娘家接回，雇了十几辆车，邀来好友，成群结伴地赶到慕尼黑，去参加儿子接受博士学位的盛典。

【动作描写】魏兰德父亲以儿子的成绩为耀。刻画了他激动、喜悦的心情。

庄重、热烈的盛典使魏兰德的父亲百感交集，当他看到儿子魏兰德戴上了博士帽时，高兴得直摇妻子的双手，不禁热泪盈眶。

魏兰德是个有事业心的人。在慕尼黑德国化学工业研究院工作期间，他不断探索新知，经过多次反复试验，第一个发现了胆酸及其化学结构，为有机化学的建立打下了基础，从而使化学工业得以突飞猛进地发展。当时有人发表评论说：“今后的世界将成为化学的世界，一切用品都离不开化学。而这化学的世界就是由魏兰德开创的。”

【直接引用】借用当时媒体的品论突出了魏兰德的巨大贡献和历史伟绩。

今天人类可以利用的有机化合物已达百万种以上了，而且还在不断地制造出新的品种，如塑料、人造橡胶、合成纤维、染料、药剂等等。面对这绚丽多彩的化学世界，我们不能不怀念为化学事业做出了巨大贡献的科学家魏兰德。

阅读与理解

【名师点拨】

魏兰德的父母在他的教育问题上矛盾很大：父亲想让儿子子承父业继续做银匠；母亲则认为做银匠虽然收入不错但地位低，远不如知识分子。母亲见父亲如此固执，而且态度不可理喻，绝望地喊道：“你难道想让子孙们祖祖辈辈都是文盲么？”小魏兰德虽然不知道要选择做银匠还是知识分子，但他特别渴望学习，最后还是父亲改变了主意，送他去上学。

【回味思考】

1.魏兰德的家族世世代代以什么为生？

2.人们是如何评价魏兰德在化学领域的成就的？

阅读训练

一、填空题。

1.李四光出生在________________（地名）。

2.邓稼先为两弹升空做出了重大贡献，他以自己出色的成绩和辛勤的劳动，赢得了“______________”的光荣称誉。

3.______________是“中华民国”的缔造者。

4.1921年，卡皮查进入________的卡文迪许实验室。这个实验室当时已是世界上最主要的物理研究中心之一。

二、选择题。

1.成吉思汗是________人。

A.蒙古族　B.汉族　C.藏族

2.________到50多岁的时候，终于把巨著《史记》写完了。

A.司马光　B.司马迁　C.贾思勰

3.1831年发表的________是雨果最富有浪漫主义的长篇历史小说。

A.《悲惨世界》　B.《欧那尼》　C.《巴黎圣母院》

4.爱因斯坦于________年获诺贝尔物理学奖。

A.1921　B.1922　C.1920

三、判断题。

1.司马徽号水镜先生。（　）

2.五四运动前夕，邓稼先离开祖国，只身一人到美国的一所大学学习当时物理学的最新学科之一——原子核物理。

（　）

3.华佗发明了“麻沸散”。(   )

4.辛弃疾从小深沉刚毅，明辨是非，能写一手好文章，练就一身好剑术。他小小年纪就立下了献身祖国、收复中原失地的雄心壮志。(   )

5.1790年4月17日，英国爱国主义者、科学家、资产阶级思想家本杰明·富兰克林与世长辞了。(   )

参考答案

一、填空题。

1. 湖北黄冈 2. 两弹元勋 3. 孙中山 4. 剑桥大学

二、选择题。

1. A 2. B 3. C 4. A

三、判断题。

1. √ 2. × 3. √ 4. √ 5. ×

《中外名人故事》读后感

《中外名人故事》记录了上百位中外名人的生平和故事，涵盖了政治名人、军事名人、科技名人、文化名人、经济名人、艺术名人以及其他各领域的名人。本书中每一个成功者的故事，都蕴涵着使他成功的价值信条和思想信念，这有助于青少年朋友们的成长，无疑是一份营养丰富的精神食粮。

《中外名人故事》政治人物包括“国父”孙中山、“鞠躬尽瘁，死而后已”的诸葛亮、美国建国初期的伟人富兰克林、共和国的缔造者毛泽东、“一代天骄”成吉思汗、抗倭名将戚继光、“飞将军”李广、征服波斯帝国的亚历山大、罗马帝国的开创者恺撒和二战“三巨头”之一的丘吉尔等。读者朋友们可以从众多政治人物身上看到政治家的大气、智慧、美德和胸怀，以及他们在艰难时期如何克服种种困难最终走向胜利。

《中外名人故事》文化名人包括儒家奠基者孔子、法国作家巴尔扎克、古希腊哲学家苏格拉底和柏拉图、《天工开物》作者宋应星、传播纺织技术的黄道婆、机械能手马钧和发明家爱迪生等。读者朋友们可以从这些人身上领悟到智慧和意志在人生道路上同样重要，有智慧而不坚持、不努力同样在事业上一无所获；智慧平平但有恒心、有毅力照样可以做出不凡的成就。

《中外名人故事》科学巨匠包括古代名医陶弘景、火箭专家钱伟长、青霉素的发明者弗莱明、“相对论”提出者爱因斯坦、为真理献出宝贵生命的哥白尼等。读者朋友们可以从这些人的人生境遇中了解到广阔的社会生活，见识形形色色的人物，增长知识，丰富生命内涵，辨别是与非、丑与恶，让心灵得到充实的营养。

牛顿说过：“我之所以看得更远，是因为我站在巨人的肩膀上。”《中外名人故事》犹如读者们面对的巨人，只要站在他的肩膀上，就能看得更远，走得更远。

图书在版编目(CIP)数据

中外名人故事 / 张琪编著. -- 济南 : 山东美术出版社, 2013.9（2021.6 重印）

（人生必读书）

ISBN 978-7-5330-4498-5

Ⅰ. ①中… Ⅱ. ①张… Ⅲ. ①名人 – 生平事迹 – 世界 – 青年读物②名人 – 生平事迹 – 世界 – 少年读物 Ⅳ. ①K811-49

中国版本图书馆 CIP 数据核字(2013)第 149921 号

美绘版

人生必读书

中外名人故事

责任编辑： 陈　蔚　翟宁宁　常馨鑫

主管单位： 山东出版传媒股份有限公司

出版发行： 山东美术出版社

济南市历下区舜耕路 20 号佛山静院 C 座（邮编：250014）

http://www.sdmspub.com

E-mail:sdmscbs@163.com

电话：(0531)82098268　传真：(0531)82066185

山东美术出版社发行部

济南市历下区舜耕路 20 号佛山静院 C 座（邮编：250014）

电话：(0531)86193019　86193028

制版印刷： 天津泰宇印务有限公司

开　　本： 710mm × 1000mm　16 开　12 印张

字　　数： 150 千字

版　　次： 2013 年 9 月第 1 版　2021 年 6 月第 6 次印刷

定　　价： 28.80 元